RÉPUBLIQUE FRANÇAISE

LIBERTÉ — ÉGALITÉ — FRATERNITÉ

CHAMBRE DES DÉPUTÉS

8e Législative 1902-1906

2e CIRCONSCRIPTION du XVIIe ARRONDISSEMENT de PARIS

(Quartier des Batignolles)

COMPTE-RENDU DE MANDAT

par

EDMOND LEPELLETIER

Député sortant

Cliché Tossyn.

Edmond LEPELLETIER

Ancien Conseiller Municipal des Batignolles, Ancien Magistrat

Chevalier de la Légion d'Honneur

DÉPUTÉ SORTANT

Élu le 13 Mai 1902, par 5.997 voix

CANDIDAT RÉPUBLICAIN LIBÉRAL PATRIOTE

COMPTE-RENDU DE MANDAT

AUX ELECTEURS DES BATIGNOLLES

Batignolles, 30 Avril 1906.

Mes Chers Concitoyens,

J'ai été élu votre député par 6000 voix, en mai 1902, comment ai-je rempli le mandat que vous m'aviez fait l'honneur de me confier ?

Il ne suffit pas à des adversaires, ou à des concurrents, dans la présente lutte électorale, d'affirmer « *que le député sortant n'a rien fait* ». C'est une allégation commode, mais sans portée, lorsqu'elle n'est pas appuyée par des faits.

Je n'ai, il est vrai, pas pu obtenir tout ce que je désirais, ni vaincre, dans bien des circonstances, une opposition forte et souvent systématique de la majorité. Mais, toutes les fois que les intérêts des électeurs qui m'avaient nommé, et aussi ceux des habitants de notre arrondissement, sans m'occuper de rechercher s'ils m'avaient été hostiles ou favorables durant la campagne électorale, étaient en cause, j'ai toujours voté en me préoccupant de mes commettants, et je suis monté à cet effet à plusieurs reprises à la tribune.

Je reproduis ici quelques-uns de mes discours et mes principaux votes, c'est la meilleure réponse aux attaques injustifiées qui ont pu être du reste, sans grand écho, portées contre moi.

Tous mes votes, tous mes discours, sont ceux d'un Républicain et d'un Patriote, en même temps que l'expression de la ferme volonté d'un mandataire dévoué, résolu à ne pas perdre un instant de vue les intérêts et les besoins de ceux qui l'ont nommé.

Sur les grandes questions d'ordre général et d'intérêt politique et social, je me suis inspiré de ma conscience et des sentiments des membres de mon comité avec lesquels j'ai été journellement en rapport.

J'ajouterai que ma conduite et la façon dont j'ai rempli mon mandat ont été approuvés et ratifiés, chaque année, dans une *réunion publique*, au préau des Ecoles de la rue des Batignolles.

Le dernier ordre du jour de confiance a été voté le 7 Juin 1905, en réunion publique au préau de l'Ecole, 16, rue des Batignolles.

On remarquera que ce compte-rendu et le vote d'approbation qui l'a suivi, ont eu lieu pendant le vote de la loi sur la Séparation de l'Eglise et de l'Etat.

Ordre du jour du 7 Juin 1905

Les Electeurs assemblés en Réunion publique, le 7 Juin 1905, au préau des Ecoles, 16, rue des Batignolles, après avoir entendu **M. Edmond Lepelletier** dans le compte-rendu de son mandat, et après discussion sur les différentes questions politiques à l'ordre du jour, votent des félicitations à leur député **Edmond Lepelletier**, et l'engagent à continuer, à soutenir de ses votes, une politique républicaine, libérale et patriote, lui renouvellent leur confiance, s'engagent à soutenir sa candidature aux élections prochaines, et se séparent aux cris de : **Vive la République ! Vive Lepelletier !**

Pour le Comité :

Le Président : Dantigny.

Au moment de la reprise des Travaux Parlementaires, une réunion du Comité de M. Edmond Lepelletier eut lieu, à la salle Clément-Pérouse, 145, rue Cardinet.

Dans cette réunion, la réélection du député sortant fut votée à l'unanimité par l'ordre du jour suivant :

Le Comité Républicain, qui a soutenu avec succès, en 1900 et 1902, la candidature de M. Edmond Lepelletier, approuvant sa conduite et ses votes à la Chambre, décide à l'unanimité de le représenter aux suffrages, des électeurs des Batignolles comme Républicain - Libéral - Patriote.

Pour le Comité :

Le Président : Dantigny.

Les Membres du Bureau et de la Commission exécutive : Blondel, Bonnaire, Chéreau, Deson, Laurent, Letellier, Maurette.

Explication à propos de l'épithète « Nationaliste »

Je me présente donc, soutenu par les éléments qui ont participé aux élections précédentes, mais sous la désignation de *Candidat Républicain - Libéral - Patriote*, qui précise mieux la situation actuelle des partis dans les Batignolles, et qui supprime toute équivoque.

Je ne répudie point l'épithète de **Nationaliste.**

Tant qu'il y aura lutte pour la Patrie, pour l'Armée, pour la Défense du sol et pour la protection du travail national, contre ceux qui s'intitulent **Internationalistes**, ce beau terme de **Nationalisme** devrait être conservé dans les hautes discussions politiques, dans les écrits historiques, mais il est prudent de l'écarter momentanément du langage électoral courant.

Il doit faire naître, en effet, un doute qui peut aller jusqu'à la suspicion.

Il est, parmi les Candidats, d'ailleurs assez rares, qui ont conservé cette épithète des républicains sincères, mais la grande majorité des députés sortants et des candidats qui se présentent sous l'étiquette de **Nationalistes**, actuellement, appartiennent tous aux partis cléricaux et monarchistes.

Dans notre quartier, notamment, il est impossible que je me présente sous la même désignation que M. Joseph Denais, jeune arriviste ingrat et réactionnaire.

M. Joseph Denais m'a emprunté la désignation de **Nationaliste**, parce qu'il a supposé, dans ses calculs ambitieux, qu'ayant servi en 1900 et en 1902, à me faire élire conseiller municipal et député, elle lui amènerait le succès qu'il convoite.

Il espère ainsi abuser les électeurs.

Mais, quand je me suis présenté, l'épithète de **Nationaliste**, accolée à mon nom, voulait dire **Républicain**. C'est ainsi, d'ailleurs, que le Comité qui m'a soutenu dans les deux élections avait conservé cette désignation. Elle est aujourd'hui impropre, et même dangereuse puisqu'elle peut faire confondre un candidat qui a, toute sa vie, défendu la République, comme moi, avec un candidat soutenu par M. Allier, ancien président du Comité Bonapartiste dans les Batignolles, et par des hommes qui se disent républicains, parce que, s'ils avouaient sincèrement leur opinion — il est permis de se dire monarchiste et clérical — savent bien que les électeurs s'écarteraient d'eux en masse.

M. Joseph Denais, qui sollicite les suffrages des Républicains et des Patriotes nationalistes, est surtout candidat clérical ; il est aussi de ceux qui, sous prétexte de défendre la Religion, que personne ne songe à troubler, cherchent à ameuter l'opinion contre la République, pour mieux la renverser.

La Jeunesse Catholique et M. J. Denais

M. Joseph Denais, qui, d'ailleurs, est entouré, aux Batignolles, de cléricaux et de réactionnaires, fait partie du Comité général de la Jeunesse catholique, dont voici les noms, copiés sur un manifeste, contenant un appel à l'émeute cléricale qui commence ainsi :

Nous en avons plein le dos. Les catholiques ne laisseront pas profaner leurs églises. Qu'on se le dise !

Le Pape a parlé.

Le devoir des catholiques est clair. Moins que jamais ils peuvent se prêter à l'application de la loi sacrilège.

L'Eglise est une Société parfaite. Elle a son organisation, ses lois, sa hiérarchie, son chef. De son autorité propre, l'Etat prétend déchirer le pacte consenti par l'Eglise, qui, depuis un siècle, réglait l'organisation du catholicisme en France. Il prétend, à cette organisation, substituer une organisation nouvelle. Nous ne pouvons souscrire à cette prétention, et voilà la raison profonde qui nous a groupés autour de nos autels.

L'ère des concessions est close. Celle de la bataille est ouverte.

Ont signé : Jean Lerolle, président ;

Comte R. de Roquefeuille ; Henry Reverdy ; Henri Bazire, présidents d'honneur ;

Joseph Zamanski ; Georges Piot, vice-présidents ;

V. Bettencourt, **Joseph DENAIS**, Robert Dubarle, Joseph Gellé, Pierre Gerlier, Gaston Lacoin, Louis Rollin, membres du Comité.

Ce placard, qu'on s'est bien gardé d'afficher dans les Batignolles, est daté du 23 février 1906. L'adresse du Comité de la **Jeunesse Catholique** est 76, rue des Saints-Pères. Il porte l'indication de Louis Trémaux, imprimeur, 22, rue du Luxembourg, Paris.

Il ressort de ce document, que M. Joseph Denais, qui se dit républicain et nationaliste, est un chef du parti clérical, relevant, avant tout, de l'autorité du pape.

Cet appel aux passions religieuses montre que, dans la question des inventaires, en profitant de la maladresse du Gouvernement, la Jeunesse Catholique, poussée par les Monarchistes, a cherché un prétexte de violences et d'émeutes. Les désordres de Sainte-Clotilde, de la Haute-Loire, de la Bretagne et de quelques régions du Nord : voilà le résultat douloureux des appels à la révolte et aux armes de cette Jeunesse Catholique et de ses Supérieurs. Il est probable que l'enquête judiciaire établira également leur participation aux émeutes et aux collisions avec la troupe qui viennent de se produire à Lens, Denain, et dans tout le département du Nord. Les grévistes ont été certainement encouragés sous-main. Des agitateurs professionnels sont venus de différents points pour exciter à l'insurrection les grévistes. On a exhorté ces pauvres gens à résister aux injonctions de la loi, devant les mines, comme on l'avait fait précédemment devant les Eglises.

D'où vient l'argent qui entretient la grève et paie les déplacements des orateurs et des entrepreneurs de grèves ? Il ne faut pas oublier que, dans cette région du Nord, à côté de députés socialistes révolutionnaires, il y a un grand nombre de représentants, soit à la Chambre, soit dans les Assemblées départementales et communales, qui sont des cléricaux militants, des monarchistes déguisés, et qui rêvent de faire sombrer la République dans les émeutes qu'ils provoquent.

M. Joseph Denais a donc une façon de comprendre le **Nationalisme** qui n'est pas la mienne. Il entend obéir au pape et s'insurger contre une loi votée en France. Il aurait plutôt droit à l'épithète d'Internationaliste, puisqu'il prend son mot d'ordre à Rome et au Gesu. Il ne faut pas oublier qu'il y a deux sortes d'Internationalistes : les Rouges et les Noirs.

Avant de reproduire ici mes principaux actes à la Chambre, je crois devoir rappeler sommairement ce que j'ai fait pour le quartier, quand j'étais membre du Conseil municipal, au moins en ce qui concerne deux questions, qui ont été souvent agitées, dans les réunions et dans les affiches, au cours de la présente campagne électorale.

La Gare des Batignolles

Bien qu'une partie des électeurs, notamment ceux qui habitent l'avenue de Clichy, les rues des Dames, Lemercier, Nollet, Truffaut, dans leur partie orientale, soient désintéressés de la question, je me suis occupé, au Conseil municipal, de l'arrêt des trains de banlieue à Batignolles et de l'amélioration de la gare, ainsi que le constate le *Bulletin municipal officiel.*

J'ai obtenu satisfaction, dans une certaine mesure, par les améliorations apportées à la Gare.

A la Chambre, j'ai posé une question à M. Maruéjouls, alors Ministre des Travaux publics.

Le Ministre a répondu qu'il était favorable à l'arrêt des trains de banlieue, mais, comme cette mesure exigeait de grands travaux, le déplacement de la gare actuelle, et peut-être la suppression du tunnel, il fallait que l'entreprise et la dépense fussent faites par la Compagnie.

M. le Ministre ajoutait que, peut-être l'Ouest serait racheté par l'Etat et qu'alors on verrait.

A la suite de cette réponse évasive, j'ai eu des pourparlers avec la Compagnie, qui m'a répondu qu'elle ne ferait cet arrêt que si l'Etat la subventionnait.

Les choses en sont là. M. Sohier, conseiller municipal, et à sa suite, M. Cosnard, ont donc eu tort de prétendre que je ne m'étais pas occupé des arrêts des trains de banlieue à la gare de Batignolles.

Il semble, malheureusement, trop démontré que la chose n'est encore qu'à l'état de projet et d'espérance, et que, lorsqu'ils annoncent que grâce à eux, les trains de banlieue vont s'arrêter à la gare de Batignolles, c'est seulement une promesse électorale.

Je ne la fais pas, parce que je ne suis pas sûr de pouvoir la réaliser, mais je m'en occuperai activement, comme je l'ai déjà fait, et je tâcherai d'obtenir, ce qui n'ai pas aisé, un crédit, sans lequel l'arrêt des trains de banlieue ne sera guère qu'une de ces illusions que certains candidats se plaisent à entretenir dans le corps électoral.

La Mairie des Batignolles

J'ai toujours résisté aux tentatives faites pour déplacer la Mairie des Batignolles. On sait que les représentants du quartier de la Plaine Monceau ont fait valoir, à plusieurs reprises, des arguments, d'ailleurs peu convaincants pour obtenir le transférement de la mairie actuelle.

Il est évident que la mairie remontant à 1846, alors que Batignolles, commune dépendant du canton de Neuilly, ne comptait guère que quinze mille habitants, ne correspond plus aux besoins ni à l'accroissement de la population.

Le déplacement de la Mairie causerait un grave préjudice aux commerçants et aux habitants du centre de notre quartier, aussi ai-je déposé un projet, qui est accepté en principe par M. Bomard, directeur des services d'architecture de la ville de Paris, et qui consiste à garder l'emplacement actuel, mais en reconstruisant l'édifice, avec agrandissements, notamment en ce qui concerne l'établissement d'une salle des mariages et d'une salle de fêtes pouvant servir à la révision, que nos jeunes gens sont obligés de passer au loin, à la mairie du 4e arrondissement.

Dans ce projet, on transporterait les écoles actuelles sur les terrains et jardins appartenant à la ville et donnant sur la rue Truffaut, qui serait élargie et dégagée.

L'insuffisance des crédits a empêché jusqu'ici ce projet d'être mis à exécution, mais j'ai pris rang, pour la reconstruction de notre mairie. Cette importante opération viendra à son tour, c'est-à-dire après la reconstruction de la mairie du 8e, déjà commencée, et celle du Panthéon.

Je m'efforcerai d'appuyer auprès des Pouvoirs publics cette reconstruction.

Commission d'hygiène publique

« M. Edmond Lepelletier a été élu le 23 février 1905, en remplacement de M. Dubois, député de Paris, décédé, membre de la Commission d'hygiène publique.

On sait que c'est une des *Grandes Commissions* parlementaires permanentes et l'importance de ses délibérations, touchant à la santé publique et à toutes les mesures concernant les logements insalubres, l'eau, les soins médicaux, la défense contre les épidémies, etc. qui sont traitées dans cette Commission, a un caractère non politique et entièrement social.

M. Edmond Lepelletier, ancien vice-président de la Commission de l'Assistance publique du Conseil municipal, rapporteur de l'Hôpital Lariboisière et membre du Conseil de surveillance de l'Assistance publique, apportait à la Commission, dont il a suivi assidûment les séances, une compétence approfondie et une expérience des questions qu'il avait depuis de longues années traitées dans la presse.

Il s'est occupé principalement dans la Commission, de la question de l'eau potable à Paris, de l'adduction d'eau de source en abondance, afin d'enrayer les épidémies, de la distribution d'eau en quantité suffisante pour les chasses d'égoût, les nettoyages, l'arrosage et la lutte contre la poussière, dont la circulation automobile multiplie les inconvénients.

Il s'est en outre préoccupé des conditions insalubres dans lesquelles travaillent les cuisiniers, restaurateurs, pâtissiers, des logements des étages supérieurs où les domestiques et les jeunes employés dorment dans des conditions anti-hygiéniques, et enfin il a réclamé une amélioration dans l'aménagement, souvent si défectueux, des loges de concierges. (*Extrait de divers Journaux*).

Le Pétrole

J'ai combattu, au cours de la discussion du budget de 1904, la proposition d'une taxe sur les pétroles. Cette taxe, en apparence, ne devait frapper que les gros industriels, mais il était évident qu'elle serait retombée sur les consommateurs, qui appartiennent tous à la classe des travailleurs. D'ailleurs, dès la nouvelle de la taxe proposée, les épiciers, on s'en souvient, s'étaient empressés d'augmenter le pétrole au détail. J'ai défendu de mon mieux le gaz du pauvre, le pétrole à bon marché.

La taxe n'a pas été votée, et le Gouvernement a été invité à déposer, dans le plus bref délai possible, un projet de loi ayant pour but de donner à l'Etat le monopole du raffinage du pétrole.

Séance du 28 février 1903

(*Extrait du* Journal Officiel *du 1er mars 1903*)

M. le président. — La parole est à M. Lepelletier.

M. Edmond Lepelletier. — Messieurs, au nom des très nombreux consommateurs de pétrole, surtout travailleurs et petits commerçants des grandes villes, je viens combattre la taxe proposée. M. Klotz, avec beaucoup de compétence, a démontré que plusieurs syndicats ont concentré entre leurs mains le transport des pétroles ; car ces huiles minérales nous arrivent déjà rectifiées et raffinées. Nous voyons en effet défiler sur la Seine des flottilles, de mois en mois plus importantes, composées de bateaux-citernes, avec tout un équipage régulier, qui transportent le pétrole rectifié, épuré et prêt à être livré à la consommation.

Ces syndicats font actuellement des bénéfices, et la taxe nouvelle constituerait une diminution de ces bénéfices qui sont en somme la conséquence d'une prime douanière.

Mais je voudrais bien savoir qui pourrait garantir que ces spéculateurs, habitués depuis longtemps à encaisser ces bénéfices, à se les approprier ou à les répartir entre leurs actionnaires, se résigneraient à supporter eux-mêmes la perte qu'ils vont certainement éprouver. Je ne crois pas à la philanthropie des accapareurs de pétrole ; MM. Desmarais, Deutsch et autres, que je ne viens pas défendre, s'empresseront de faire ce que font en ce moment les propriétaires parisiens qui, imposés par le conseil municipal, se sont hâtés de faire supporter la taxe par les locataires. Or, ce n'était pas, je vous l'affirme, l'intention du conseil municipal.

C'est le sort de presque toutes les taxes, que cette répercussion sur le locataire, sur l'ouvrier, sur le travailleur ; et même, il faut bien le dire, l'intermédiaire profite souvent des taxes pour surélever les produits qu'il débite. Cela se voit même quand il ne s'agit pas d'alimentation. Par exemple, on a mis une taxe annuelle de 60 francs sur les billards et l'on a augmenté de près de 50 p. 100 l'heure de billard dans les établissements publics. L'impôt surélevé servant de prétexte à une surélévation du prix du loyer de la chose imposée, c'est ce que nous pouvons constater tous les jours.

C'est un fait incontestable : le débitant intermédiaire, comme le négociant en gros, a une tendance à profiter de toute taxe nouvelle pour la faire supporter par les consommateurs, tout en réservant une plus-value pour lui.

Il est donc impossible d'admettre que le syndicat des pétroliers supporte cette charge nouvelle ; il est maître du marché, croyez-le bien.

On a fait valoir dans la discussion de l'année dernière un argument qui semblait juste ; on disait : mais les pétroliers et raffineurs français ne pourront pas augmenter leurs produits parce qu'ils craindront la concurrence des produits du même genre importés d'Amérique et de Russie.

C'est un leurre ; les syndicats américains, les trusts de l'autre côté de l'Atlantique sont d'accord avec les raffineurs français ; les importateurs russes ne tarderont pas à les imiter. Ils ne voudront pas laisser supporter à leurs collègues cette taxe, parce qu'ils savent bien qu'un jour ou l'autre on pourrait augmenter les droits de douane. Ils ne voudront donc pas leur faire une concurrence qui finirait par leur être préjudiciable. Par conséquent, nous n'avons pas là une garantie contre le renchérissement du pétrole qui, comme le disait tout à l'heure M. Coutant, est le gaz du pauvre.

Je crois, Messieurs, que vous devez repousser cette taxe, qu'elle ne doit pas figurer dans la loi.

Mais, vous, Monsieur le ministre, vous n'auriez pas dû la proposer. Avec le grand talent que nous savions rencontrer en vous, et avec une énergie physique que nous pouvions ne pas y trouver, vous avez discuté pied à pied votre budget et vous avez emporté de haute lutte la loi sur les bouilleurs de cru. Nous, les représentants de Paris, nous ne cherchons pas à faire de l'obstruction en ce qui concerne votre nouvelle taxe, mais nous vous disons qu'il faut prendre l'argent dans les poches où il y en a....

M. le ministre des finances. — C'est ce que je fais.

M. Simyan. — C'est dans la poche des raffineurs de pétrole, de ceux qui gagnent 40 ou 60 millions qu'il faut aller prendre l'argent.

M. Edmond Lepelletier. — Garantissez-vous que les raffineurs et les accapareurs de pétrole payeront la taxe ?

M. Simyan. — M. le ministre vous le garantit.

M. Edmond Lepelletier. — Je réponds qu'il ne le peut pas, à moins d'employer des mesures révolutionnaires qui ne sont ni dans son tempérament, ni dans celui de la France.

Je m'étonne que l'éminent président de la commission du budget n'ait pas proposé la solution vraie, la seule bonne.

Hier, nous assistions à ce qu'on peut appeler une passe d'éloquence, entre notre honorable président et l'honorable M. Ribot, à propos du monopole de l'alcool, et on nous a dit qu'il ne fallait pas rejeter les monopoles d'emblée et *a priori*, qu'ils ne sont pas toujours une étape vers le collectivisme, car, s'il en était ainsi, il faudrait porter le même jugement sur le système des compagnies de chemins de fer par actions, qui seraient des institutions collectivistes en leur genre.

Eh bien, si vous devez vous résigner à tirer de l'argent du pétrole, il faut adopter le monopole de l'Etat. Cette industrie n'est pas une industrie nationale, car malheureusement notre sol, si fertile, qui donne tant de produits, ne contient pas ces huiles minérales ; c'est une importation de l'étranger, de Russie ou d'Amérique, et une concurrence à notre travail national et à la production de notre pays, par exemple, à l'alcool, qui est destiné à servir à l'éclairage dans très peu de temps.

En votant le monopole du pétrole avant que cette industrie ait pris une grande extension, vous éviterez de payer plus tard des indemnités de rachat aussi élevées que celles dont on parlait hier pour l'alcool.

Je ne veux pas user en ce moment de mon initiative personnelle pour proposer le monopole, mais je voudrais savoir pourquoi la commission du budget ne l'a pas proposé, elle aurait ainsi évité de voir se propager cette allégation, que ceux qui combattent ses propositions veulent défendre les pétroliers. Ce n'est pas une telle œuvre que je suis venu accomplir ici. Le vote du monopole dissiperait cette erreur qui consiste à croire qu'un impôt qui frappe des spéculateurs, de gros producteurs, n'a pas sa répercussion sur les détaillants et les consommateurs.

Je voudrais pouvoir faire passer ma conviction dans l'esprit de la Chambre. Elle repose sur des faits.

Ce matin encore, j'ai pris des renseignements auprès de plusieurs épiciers parisiens. (*Exclamations sur divers bancs.*) Ils sont compétents et doivent avoir voix au chapitre ; ils ne raffinent pas, il est vrai, le pétrole, mais ils connaissent le marché. Ils ne sont pas intéressés directement, ils ne sont donc pas suspects de tendresse pour les spéculateurs ; ils ont cependant été tous d'accord pour me déclarer que la taxe aurait une répercussion sur le consommateur, et peut-être même une répercussion immédiate.

M. le ministre des finances. — Je puis vous apporter un renseignement tout à fait édifiant. On m'a, tout à l'heure, affirmé dans les couloirs de la Chambre que, dès ce matin, les épiciers avaient augmenté le prix du pétrole.

M. Edmond Lepelletier. — Vous m'apportez un nouvel argument. Est-ce que cette augmentation sera payée par les Deutsch et les Desmarais ? Mais non, elle sera payée par la ménagère avant même le vote de la loi. Ce soir, l'ouvrier, l'employé, les petits ménages, payeront plus cher l'éclairage ; ils accuseront alors le régime parlementaire en attendant qu'ils accusent la République ! (*Très bien ! très bien ! sur divers bancs.*)

Prenez garde ! Depuis quelques jours, et je vous en félicite, vous avez montré que les discussions d'affaires et d'intérêts ne vous laissaient pas indifférents.

Vous vous êtes passionnés pour ou contre le droit des bouilleurs de cru, et vous avez mis à cette discussion autant d'ardeur que s'il s'était agi de reviser la Constitution. Vous avez bien fait, car le peuple, comme le bonhomme Chrysale de Molière qui préférait la soupe au beau langage, vit de lois fiscales justes et équitables beaucoup plus que de discours et de déclarations.

Vous voulez toucher à un des produits les plus nécessaires à l'existence, et votre raison, c'est qu'il faut trouver de l'argent. Mais il faut d'abord le chercher ailleurs que dans l'alimentation ou dans l'éclairage du pauvre.

Il est donc impossible que la répercussion ne se produise pas, et le témoignage de M. le ministre des finances est concluant, puisque déjà, avant même que la loi ne soit votée, et même discutée entièrement, on augmente le prix du pétrole. Les grands commerçants que j'ai interrogés ne tiennent pas eux-mêmes le pétrole ; c'est une denrée salissante et odorante, ils la laissent aux petits débitants. Ceux-ci ne peuvent résister aux raffineurs. Vous comprenez qu'immédiatement les gros raffineurs vont faire une hausse sur le pétrole, qu'elle va se répercuter de porte en porte, et que demain, aussitôt la loi votée, on en profitera, non seulement pour faire supporter aux consommateurs l'augmentation que vous aurez mise, mais encore pour en mettre une plus forte dont profiteront les gros commerçants et les forts entrepositaires. La taxe de fabrication que vous mettez sera l'objet encore d'une nouvelle majoration. Réfléchissez ! Il n'est pas possible de demander de l'abnégation à ces accapareurs de pétrole. Si vous croyez qu'ils payeront seuls l'impôt, vous vous leurrez. Je vous en laisse la responsabilité. (*Applaudissements sur divers bancs.*)

La Réforme Judiciaire

Les Frais de Justice

La réforme judiciaire est l'un des articles fondamentaux du programme démocratique. C'est une des questions qui me sont les plus familières. J'ai traité dans la presse, dans des conférences, à la tribune de la Chambre, de la réforme du Code civil, de la réforme du Code de procédure et du Code de commerce et de la diminution des frais de justice et de procédure. J'ai fondé, pour protéger les citoyens, contre les exactions du fisc et les avidités des officiers ministériels, une ligue défensive et consultative, la *Ligue des Justiciables.*

Les frais de justice sont excessifs et disproportionnés. Les huissiers, avoués, notaires, greffiers et commissaires-priseurs, ne sont pas seuls responsables des abus dont le public est victime. L'Etat, sous forme de droits de timbre, d'enregistrement, de jugement, prélève une bonne partie des frais que supportent les justiciables.

C'est un véritable impôt frappant ceux qui ont affaire aux tribunaux, en demandant ou en défendant. Cet impôt est d'autant plus inique que le plus souvent il frappe des gens déjà dans l'embarras. Ils ne peuvent payer 100 francs qu'ils doivent, on leur inflige en surcroit 50 et parfois 100 francs de frais. C'est une amende civile non prévue par le Code. C'est un véritable impôt de la misère. C'est une gêne et une entrave pour le commerce, pour le crédit, pour les affaires.

J'ai donc, à plusieurs reprises, réclamé la diminution des frais de justice et la modification des lois de procédure, réduisant ou supprimant l'intervention onéreuse des officiers ministériels, et simplifiant les actes, rendant la justice moins coûteuse, plus rapide et plus démocratique.

J'ai prononcé dans la discussion générale des budgets de la guerre 1903, 1904, 1905, d'importants discours de la réforme judiciaire, la révision du Code de procédure et la diminution des frais de justice. La dimension de ces discours m'empêche de les reproduire ici.

Le Garde des Sceaux, M. Vallé, avait décrété en août 1903, un nouveau tarif pour les avoués, beaucoup plus cher pour la plupart des procès, bien que le principe en fût juste, qui consistait à ne pas appliquer un émolument à chaque acte de procédure, mais à fixer des droits pour chaque affaire, droit de conseil, droit de correspondance, etc.

Ce nouveau tarif fut vivement combattu dans la presse. Avec mes collègues Charles Bos et Buyat, je demandai à interpeller le ministre sur son application.

Notre interpellation fut jointe dans la séance du 22 octobre 1903.

Après avoir entendu MM. Charles Bos et Buyat, je pris la parole, au moment où l'on cherchait à étouffer la discussion.

Séance du 6 Novembre 1903

(*Extrait du* Journal Officiel *du 7 Novembre 1903*).

M. le Président. — La parole est à M. Lepelletier.

Sur divers bancs. — La clôture !

M. le Président. — M. Lepelletier est également l'auteur d'une interpellation ; il a la parole pour la développer.

M. Edmond Lepelletier. — Si la Chambre se croyant suffisamment éclairée (*Oui ! oui ! sur divers bancs*), veut bien procéder immédiatement au vote et intimer l'ordre à M. le Ministre de retirer son décret, suis tout prêt à descendre de la tribune et j'en serais heureux. (*Très bien*).

Je renoncerai donc à la parole. Mais je tiens à faire une déclaration qui a son intérêt.

Vous allez, Messieurs, enjoindre à M. le garde des sceaux de retirer son décret ; je présume le vote obtenu et la preuve que j'ai le droit de faire cette présomption, c'est que vous ne désirez pas entendre les explications que j'aurais pu donner pour compléter celles de MM. Charles Bos et Buyat.

Donc, le vote semble acquis d'avance ; M. le Ministre sera vraisemblablement obligé de retirer son décret ; je ne donnerai donc pas d'explications sur la confusion des tarifs en matière sommaire et en matière ordinaire. Mais ce retrait ne satisfera nullement le pays ; il n'est pas suffisant. Ce qu'il faut, ce n'est pas seulement qu'on diminue les frais des avoués, c'est qu'on diminue tous les frais de justice, qu'on simplifie la procédure et les charges ministérielles, charges qui pèsent si lourdement sur les justiciables. (*Très bien ! très bien ! sur divers bancs*).

Sans doute on ne peut pas les supprimer d'un seul coup comme on a fait pour les bureaux de placement, mais il faut que la procédure et les actes soient simplifiés et réduits au strict nécessaire pour faire reconnaître le droit de chacun ; il faut qu'on en finisse avec un système qui n'a que trop duré.

Je vous invite donc à vous prononcer pour le retrait du décret et aussi pour la revision du code de procédure civile. Donnez un blâme au Gouvernement sur ce point au moins, s'il se refusait à prendre l'engagement de soutenir prochainement la revision du code de procédure civile. Je dépose un ordre du jour en ce sens. (*Très bien ! très bien ! sur divers bancs*).

Le garde des sceaux estimant que le sentiment général était défavorable au tarif du 15 août 1903, proposa la remise à une commission.

Une bataille s'engagea sur les ordres du jour.

M. Charles Bos se ralliant à la proposition des ministres, retira son ordre du jour. Il l'avait cependant longuement et savamment soutenu à la tribune.

MM. Julien Goujon et Thierry retirèrent également l'ordre du jour qu'ils avaient déposé.

M. Mirman fit de même.

M. Buyat l'imita.

Alors vient l'ordre du jour déposé par M. Edouard Lepelletier.

Ordre du jour Edmond Lepelletier

M. le Président. — Un cinquième ordre du jour présenté par M. Lepelletier est ainsi conçu :

« La Chambre invite le Ministre de la justice à retirer son décret sur le tarif des avoués et décide de nommer une commission chargée de réviser le code de procédure civile et le tarif des officiers ministériels, et passe à l'ordre du jour. »

M. Edmond Lepelletier. — Je n'ai pas les mêmes raisons que mon collègue Bos pour me rallier à la proposition du Gouvernement, après l'avoir attaquée pendant deux heures.

Je maintiens absolument mon ordre du jour qui invite M. le ministre à retirer son décret et à préparer un nouveau tarif plus en harmonie avec les besoins de la société et les intérêts des justiciables, et l'invitant également à proposer la révision du Code de procédure civile.

Un sixième ordre du jour, avec demande de priorité fut déposé par M. Renoult.

Un septième ordre du jour signé de M. Marcel Sembat, était ainsi conçu :

« La Chambre constatant que si le nouveau tarif a eu pour but de diminuer les frais des petits plaideurs, ce but n'a été atteint, ni d'une façon assez évidente, ni dans une large mesure, invite le Gouvernement à procéder d'urgence à une révision des tarifs diminuant les frais de justice, spécialement pour les petits procès. »

D'autres ordres du jour furent ensuite déposés par MM. Gerville-Réache, et Maurice Colin.

Ce dernier portait : « La Chambre prenant acte des déclarations du gouvernement et les approuvant passe à l'ordre du jour. » C'était l'ordre du jour de confiance.

En présence de cette multiplicité d'ordres du jour et pour diviser les voix gouvernementales, je fis les déclarations suivantes :

M. Edmond Lepelletier. — Je me rallie à l'ordre du jour de M. Marcel Sembat.

M. Marcel Sembat. — Je retire notre ordre du jour. (*Rires et exclamations au centre et à droite.*) Je demande la parole.

M. le président. — Vous avez la parole.

M. Marcel Sembat. — Je vais causer, ainsi que mes amis du groupe socialiste révolutionnaire, une profonde déception à M. Lepelletier. Il se rallie à notre du jour et nous avons décidé, quand nous avons entendu M. le garde des sceaux proposer la nomination d'une commission, de le retirer. (*Bruit.*)

Nous avons pris cette décision parce qu'il nous a semblé que nous avions satisfaction pleine et entière par la nomination de cette commission.

M. Archdeacon. — Et vous vous dites socialiste révolutionnaire ?

M. Marcel Sembat. — Je suis réduit à cette pénible extrémité d'être blâmé simultanément et par M. Lepelletier et par M. Archdeacon. (*On rit.*) Il me faut un courage exceptionnel pour persister dans la résolution que nous avons adoptée, mais, néanmoins, je fais appel à toute ma force d'âme et je retire mon ordre du jour. (*Applaudissements et rires à l'extrême gauche et à gauche. — Mouvements divers.*)

M. Edmond Lepelletier. — Je demande la parole.

M. le président. — La parole est à M. Lepelletier.

M. Edmond Lepelletier. — Si mes amis et moi avons décidé de nous rallier à l'ordre du jour de M. Marcel Sembat, c'est que cet ordre du jour nous paraissait correspondre à peu près à nos sentiments. Nous ne faisions pas une question de parti de la réforme judiciaire et du privilège des avoués, de la réduction des frais de justice ; nous laissions la politique en dehors de ce grand débat.

Cela est tellement vrai que, dans une ligue importante, la ligue pour la défense des justiciables, dont je suis le président, nous écartons toute préoccupation politique (*Exclamations à l'extrême gauche.*) Vous serez obligé, Monsieur Sembat, de compter avec cette ligue des justiciables, dans cette question comme dans beaucoup d'autres.

Je reprends pour mon compte l'ordre du jour de M. Sembat, non pas parce qu'il est de lui, mais parce qu'il répond à nos idées. Je regrette pour la seconde fois, de voir un esprit aussi éminent que M. Sembat abandonner un ordre du jour parce que mes amis et moi nous l'approuvons.

L'autre jour, une question patriotique était en jeu : il s'agissait de rendre hommage aux héros d'El Moungar. M. Sembat a été pour ainsi dire honteux de se rencontrer avec nous. Nous, nous ne sommes pas honteux de mélanger nos bulletins avec les siens lorsqu'il s'agit de défendre les grands intérêts du pays et des justiciables et de diminuer les gros bénéfices des officiers ministériels. (*Très bien ! très bien ! sur divers bancs.*)

M. Marcel Sembat. — Je tiens à faire constater à M. Lepelletier que, nous non plus, nous n'apportions dans ce débat aucune passion politique. Seulement comme nous n'éprouvons aucunement le désir d'enfoncer des portes ouvertes, et on nous offre ce que nous allions réclamer, nous nous déclarons satisfaits. (*Très bien ! très bien ! et rires à l'extrême gauche.*)

M. le président. — M. Lepelletier a déclaré retirer son ordre du jour et se rallier à celui de M. Marcel Sembat, mais cet ordre du jour ne portant que le n° 7, la question de priorité ne se pose pas en ce moment.

L'ordre du jour auquel nous étions arrivés avant cet échange de propos, était celui qui est signé par M. Renoult et plusieurs de ses collègues ; c'est sur cet ordre du jour que la question de priorité va se poser.

M. Maurice Colin. — Je demande la priorité pour mon ordre du jour, car j'estime que la Chambre doit, sans parti-pris, tenir compte à M. le garde des sceaux de la loyauté des explications qu'il a apportées à la tribune. (*Exclamations à droite.*)

M. le garde des sceaux. — Le gouvernement accepte l'ordre du jour de M. Colin. (*Rires et exclamations à droite.*)

M. Renoult retire son ordre du jour.

M. le président. — L'ordre du jour de M. Renoult, qui portait le n° 6, étant retiré, je vais consulter la Chambre sur la priorité demandée en faveur de celui qui porte le n° 7, c'est-à-dire de celui qui était signé par M. Sembat et qui a été repris par M. Lepelletier.

La Chambre veut-elle que je lui en donne une nouvelle lecture ? (*Oui ! oui !*)

« La Chambre, constatant que si le nouveau tarif a eu pour but de diminuer les frais des petits plaideurs, ce but n'a été atteint ni d'une façon assez évidente, ni dans une assez large mesure, invite le Gouvernement à procéder d'urgence à une revision des tarifs, diminuant les frais de justice, spécialement pour les petits procès. »

M. Jules-Louis Breton. — M. Lepelletier peut reprendre l'ordre du jour de M. Sembat, mais non demander le maintien de la priorité.

M. le président. — M. Lepelletier avait demandé la priorité pour son ordre du jour, qui était le cinquième ; il a repris l'ordre du jour de M. Sembat qui avait également demandé la priorité. Je suis obligé, pour ces questions de priorité, de tenir compte de l'ordre des dépôts. (*Assentiment.*)

Je consulte la Chambre sur la priorité à accorder à l'ordre du jour de M. Lepelletier.

J'ai reçu une demande de scrutin.

Le scrutin est ouvert.

(Les votes sont recueillis. — MM. les secrétaires en font le dépouillement.)

M. le président. — Voici le résultat du dépouillement du scrutin :

Nombre des votants		552
Majorité absolue		277
Pour l'adoption	205	
Contre	347	

La Chambre des députés n'a pas adopté.

L'ordre du jour Maurice Colin a été ensuite adopté.

Mon ordre du jour a été repoussé, mais cependant le ministre m'a donné par la suite, gain de cause, au moins en ce qui concernait le tarif que je combattais, ce dernier il y a un an a été rapporté et l'ancien tarif a repris vigueur.

Il reste maintenant à le remplacer par un tarif plus équitable, moins favorable aux officines ministérielles, et surtout il convient de réformer toute la procédure, de changer de fond en comble le code de procédure civile, notamment en ce qui concerne l'obligation de recourir au ministère coûteux et souvent inutile de l'avoué.

Ce sera l'une des questions des plus importantes de la chambre nouvelle.

Expulsion de l'abbé Delsor

Séance du 14 janvier 1904

L'abbé Delsor, Lorrain devenu allemand par suite du traité de Francfort étant venu en France, son pays natal, fût expulsé par l'ordre de M. Combes.

Une vive émotion se produisit en France. M. Corrard des Essarts, député de Lunéville, avait demandé à interpeller. M. Gauthier de Clagny avait déposé une proposition d'ordre général, par laquelle il demandait l'urgence. « Il convenait, disait justement l'auteur de la proposition visant la loi qui permet à la police d'expulser les étrangers, de faire une différence entre les étrangers nés sur le sol étranger, et des français devenus, malgré eux, et je l'espère encore, provisoirement étrangers.

Il n'y eu pas de discussion au fond.

La question était, en apparence de pure forme, au fond elle consistait dans une solennelle protestation réitérée contre l'annexion de l'Alsace-Lorraine.

L'adoption de l'urgence pour la proposition Gauthier de Clagny était une nouvelle et imposante déclaration en faveur de la revendication imprescriptible de nos droits sur l'Alsace-Lorraine, les populations anexées par la force n'ayant pas été consultées.

La majorité combiste repoussa l'urgence, par 307 voix contre 255.

J'avais voté *pour*. Il n'y avait pas de discussion à faire. Je lançai une brève interruption que le *Journal Officiel* a constaté en ces termes.

M. le Président. — Après avoir fait connaître le résultat du dépouillement du scrutin, la Chambre n'a pas adopté.

M. Edmond Lepelletier. — C'est le traité de Francfort ratifié par les socialistes !

(*Extrait du* Journal Officiel *du 15 Janvier 1904*).

Les Grèves

Demande d'Interpellation

J'ai toujours reconnu le droit de grève aux travailleurs, — c'est d'ailleurs l'empire qui a proclamé la légalité de la presse et la République n'a fait que maintenir, la loi existante, — mais j'ai toujours considéré comme inséparable de ce droit le respect de la liberté du travail.

Le travailleur, mécontent de son salaire ou des conditions du travail qui lui est proposé, est libre de le refuser et de cesser ses services, mais il est libre également de les continuer.

Pour que cette liberté soit réelle, pour que le travailleur qui veut continuer le travail, soit libre de le faire, malgré l'exemple, les exhortations et parfois les menaces et les coups des grévistes, il faut que l'on protège les citoyens se rendant, malgré la grève déclarée, au chantier, à l'usine, à l'atelier, à la mine.

Les grévistes ont le droit de déclarer la grève, mais non de l'imposer à ceux qui n'en veulent pas.

J'ai blâmé aussi les violences des grévistes surexcités, trompés, endoctrinés par les meneurs, généralement étrangers au pays où se forment l'agitation.

Les douloureux et tragiques évènements actuels, à Lens et dans toute la région du Nord, où des collisions ont lieu avec la troupe attaquée, insultée, frappée à coup de briques, à coup de bouteilles, et où on eut à déplorer la mort d'un brillant officier, le lieutenant Lautour, montrent combien j'avais raison, quand dès le 18 octobre 1904, je demandais à interpeller le gouvernement sur les désordres grévistes, sur des faits de pillage et de violences qui s'étaient produits à Cluses, dans la Haute-Savoie, où les frères Crettiez avaient été obligés de se défendre, les armes à la main, contre des bandes féroces qui incendièrent leur usine, et aussi sur des désordres analogues survenus à Armentières, à Marseille et à Cette.

Il s'agissait seulement de la fixation de l'ordre du jour.

C'était la séance de rentrée de la session d'octobre. M. Combes, président du Conseil, fixait une date pour certaines interpellations qui lui convenaient. Avec désinvolture, il écartait les autres.

Je réclamais en ces termes pour que mon interpellation figurât à l'ordre du jour :

Interpellation sur les Grèves

Séance du 18 Octobre 1904

M. le Président. — La parole est à M. Lepelletier,

M. Edmond Lepelletier. — Messieurs, je n'ai rien à objecter à la nomenclature de M. le président du conseil, je ne critique nullement la préférence qu'il a donnée aux interpellations visant les affaires religieuses.

Ces interpellations n'ont rien qui me gêne ; et si j'avais un étonnement, ce serait plutôt de voir qu'une majorité qui dispose de tout et qui a tous les pouvoirs, ait attendu si longtemps pour discuter la façon dont on couperait le câble qui unit l'Eglise à l'Etat.

Mais à côté de ces interpellations, M. le président du conseil en a fait figurer d'autres, d'ordre intérieur, pour lesquelles il doit même avoir une préférence, puisqu'il est ministre de l'intérieur et comme tel chargé d'assurer l'ordre du pays.

Dans son énumération, M. le président du conseil a oublié une demande d'interpellation que j'ai eu l'honneur de déposer. M. le président de la Chambre en a donné lecture tout à l'heure. Je propose, Messieurs, de délibérer sur les mesures que doit prendre un gouvernement régulier et policé pour empêcher, en temps d'agitation gréviste, les excès et les désordres, et surtout pour détourner les citoyens du désir de s'armer et de se défendre eux-mêmes.

Je demandais donc pour quel motif, à sa nomenclature des interpellations visant les faits de grève, M. le président du conseil n'a pas ajouté mon interpellation qui doit venir logiquement avec celles-là, qui, par sa nature même, doit leur être jointe.

Je demande à M. le président du conseil si c'est un oubli de sa part. En effet, mon interpellation vise directement des faits de grève : elle a pour but de savoir quels moyens les pouvoirs publics entendent prendre pour empêcher les désordres, les massacres, les pillages, pour empêcher aussi des faits de lynchage d'un côté et de défense personnelle de l'autre.

Ainsi donc mon interpellation est connexe avec les faits que M. le président du conseil a bien voulu retenir.

La tactique de M. le président du conseil est simple, en présence de mon interpellation, qui peut le gêner. Je ne veux pas entrer un instant dans le fond du débat ; j'aurai mon tour de parole, comme le disait tout à l'heure l'honorable M. Lasies, et je discuterai un jour cette question de Cluses — j'en prononce aujourd'hui le nom pour la première et dernière fois — cette question de Cluses qui se trouve mêlée indirectement à mon interpellation. Mais dans le débat actuel je ne veux pas parler de cette affaire de Cluses qui ne peut exister encore au point de vue parlementaire parce que la justice criminelle est saisie. En vertu d'un vieil adage que vous connaissez, le criminel saisit le civil ; le parlementarisme, c'est le civil ; et nous devons laisser la justice criminelle procéder.

Mais mon interpellation vise les faits de Marseille, les faits déjà anciens d'Armentières, de Neuvilly, les faits tout récents de Cette, elle est donc la plus générale : elle procède de la méthode scientifique et philosophique que vous connaissez, la méthode d'induction, qui consiste à remonter du particulier au général. Elle doit donc venir avec celles de nos collègues relatives aux faits de grève. Si, au contraire, messieurs, vous en décidez autrement — car vous êtes les maîtres, — si, vous rangeant à l'avis de M. le président du conseil qui vous propose par prétérition d'écarter mon interpellation, et si vous l'ajournez, cela voudra dire que vous la considérez, non pas comme une interpellation d'ordre général visant la sécurité intérieure de la France mais, pour ainsi dire, comme une annexe à un procès dont je n'ai pas à m'occuper.

Je ne parle pas de ce procès de la cour d'Annecy où une partie civile est représentée par notre collègue M. Fernand David ; je n'interviens pas au procès comme partie sociale, mais j'ai le droit d'interpeller le Gouvernement, en me servant des faits qui seront établis devant la justice d'Annecy, comme de ceux que diverses enquêtes me fournissent, car la politique générale ne peut, comme l'histoire, reposer que sur des faits particuliers. Je me servirai des faits qui se sont produits ici à Cluses, là à Marseille, là à Armentières, partout en France où il y a eu un déchaînement de guerre civile, déchaînement dû, pour ainsi dire, à la complicité et à la protection tacite du Gouvernement accordée aux émeutiers.

J'ai donc bien le droit de demander à M. le président du conseil pour quels motifs mon interpellation relative aux faits de grève n'est pas jointe aux autres interpellations qui visent les mêmes faits et j'insiste pour cette jonction. (*Applaudissements sur divers bancs*).

Proposition de la nomination d'une Commission

Séance du 30 Octobre 1902

(Extrait du *Journal Officiel* du 31 Octobre 1902).

M. le Président. — La parole est à M. Lepelletier pour le dépôt d'un projet de résolution en faveur duquel il demande l'urgence.

M. Edmond Lepelletier, — Au nom d'un grand nombre de mes amis et au mien, j'ai l'honneur de déposer sur le bureau de la Chambre le projet de résolution suivant :

« Une commission de trente-trois membres sera élue dans les bureaux et chargée de rechercher les causes économiques et politiques de la grève générale des mineurs et de proposer les mesures à prendre pour mettre fin au conflit et à réaliser l'accord indispensable entre les ouvriers et les compagnies concessionnaires. »

Je ne donne pas lecture de l'exposé des motifs qui, du reste, tient en quatre lignes. Je demande l'urgence et je dépose une demande de scrutin.

M. Marcel Sembat. — Nous demandons le renvoi du vote à la prochaine séance ; nous ne pouvons pas statuer sur un texte que nous ne connaissons pas.

M. le Président. — La proposition d'ajournement à la priorité.

Je la mets aux voix.

(L'épreuve a lieu.)

La Commission d'enquête a été nommée le 8 novembre.

Le Gaz

La question du *Gaz*, si importante pour les habitants de Paris, a été à plusieurs reprises discutée à la Chambre et au Sénat, à la suite des délibérations du Conseil municipal.

Elle n'est pas encore terminée.

Au Conseil municipal, j'ai participé à la discussion, et je suis un de ceux qui ont voté *l'abaissement immédiat du prix du gaz.*

Les socialistes, partisans de la régie directe, en repoussant les propositions contraires à la régie directe, ajournaient, jusqu'à une époque indéterminée, la diminution du prix du gaz.

Comme la situation n'est pas encore définitive, si les partisans de l'abaissement immédiat du prix du gaz ne l'avaient pas alors emporté, les Parisiens continueraient encore aujourd'hui à payer 30 centimes le mètre cube.

A la suite des élections municipales de 1904, la majorité ayant été déplacée de quelques voix, la régie directe a été votée à l'Hôtel de Ville. La loi exigeant un vote de la Chambre et du Sénat comme sanction de cette délibération, un projet de loi tendant à autoriser la ville de Paris à emprunter 120 millions et à organiser le service du gaz, vint à l'ordre du jour.

La discussion fut vive. Le parti socialiste soutenant la régie directe, avec l'appui d'un grand nombre de députés de toute nuance, mais appartenant à la représentation départementale, et comme tels indifférents et même hostiles aux vrais intérêts de Paris.

Plusieurs députés de Paris, MM. Maurice Spronck, Congy, Charles Benoist, Beauregard, Jules Auffray, George Berry et Edmond Lepelletier participèrent à la discussion. Ils furent combattus par MM. Morlot, rapporteur, Puech, Vaillant, Adrien Veber.

J'ai pris la parole dans la discussion générale.

La régie directe

Séance du 20 Octobre 1904

(Extrait du *Journal Officiel* du 21 octobre 1904).

M. le président. — La discussion générale est ouverte. La parole est à M. Puech.

M. Louis Puech. — Si personne ne combat la régie, je renonce à la parole, monsieur le président.

M. le président. — M. Lepelletier est inscrit contre le principe de la régie.

M. Louis Puech, — Alors je répondrai.

M. le président. — La parole est à M. Edmond Lepelletier.

M. Edmond Lepelletier, — Je devance notre collègue M. Puech, qui donne certainement son approbation pleine et entière au système de la régie.

M. Louis Puech. — Parfaitement.

M. Edmond Lepelletier. — Je viens combattre ce système, à deux points de vue : d'abord au point de vue local.

La question qui nous occupe, en effet, devrait être purement municipale et locale, ou dans la motion préjudiciable qui a été déposée et discutée tout à l'heure. C'était surtout l'intérêt local qui était en jeu. Lorsqu'on aborde la discussion générale, et notamment lorsqu'on vise l'établissement de la régie, on touche à des intérêts qui s'étendent à toute la France.

Si la régie directe, qui est condamnée par beaucoup de bons esprits, et qui est condamnée par les faits dans quelques applications, se trouve expérimentée dans une ville importante comme Paris, si elle donne de bons résultats, si les bilans sont favorables, s'ils ne sont pas onéreux pour les consommateurs, la ville de Paris usera d'une dictature pire que toutes celles qu'elle a pu exercer à différentes époques de son histoire : la dictature de l'exemple. Toutes les communes voudront immédiatement mettre en régie leurs services, non seulement leurs services d'éclairage, mais tous les autres, sans avoir les mêmes ressources et les mêmes moyens d'exploitation que la capitale.

La question est aussi d'ordre moral.

Nous arriverons plus tard aux questions de détail en ce qui concerne Paris lui-même. Tout à l'heure, nous reprochions au rapport de l'honorable M. Morlot d'avoir modifié la délibération prise par le conseil municipal et de lui avoir substitué un nouveau projet ; nous disions qu'en bonne justice, en bonne équité nous ne pouvions pas nous prononcer sur le projet sans avoir mis le conseil municipal en mesure de délibérer de nouveau ; on a écarté notre proposition en nous accusant de chercher des atermoiements, de soulever des exceptions dilatoires. Maintenant, nous discutons le fond ; il ne s'agit plus d'exception dilatoire. Nous sommes absolument opposés au système de la régie pour Paris ; nous craignons que si Paris adopte ce régime, ce ne soit un mauvais exemple pour les départements, surtout s'il réussit ici.

Nous sommes persuadés que le résultat serait détestable, mais nous n'en avons pas la preuve. Nous combattons donc le système au point de vue moral, en disant : Nous redoutons cette régie, mais pour en montrer les conséquences néfastes nous sommes obligés de nous ajourner à une période d'expérimentation. Alors, il sera trop tard ; nous pourrons simplement constater que nous avons eu tort de consentir à l'établissement de ce régime et que les communes qui auront imité Paris auront eu tort également.

Nous sommes persuadés que la régie sera une cause de ruine, et voici pourquoi : La régie directe, honnête, habile, présentant toutes les garanties de bonne administration, de surveillance et de contrôle, est fatalement entraînée à devenir moins économe, moins parcimonieuse, moins sévère qu'une industrie particulière. Les exemples en sont extrêmement nombreux dans toutes les branches d'industrie.

Si l'on a si longtemps résisté à faire des chemins de fer une entreprise d'Etat, c'est parce que l'on a considéré que l'Etat était généralement un mauvais administrateur.

Il est bien certain que la ville de Paris ne pourra passer de traités, de marchés, faire des combinaisons ou des spéculations, comme peut en faire une compagnie anonyme, ayant un directeur et des employés intéressés, passionnément intéressés à la réussite matérielle de l'entreprise. Vous aurez des ingénieurs, des fonctionnaires, hommes sans nul doute très distingués, très honnêtes, mais qui en somme rempliront leur devoir un peu comme tous les employés de bureau et d'administration.

Il est certainement des exceptions, et l'on pourrait citer entre autres l'honorable commissaire du Gouvernement qui, tout à l'heure, nous donnait d'excellents conseils. Je serais très désireux que la Chambre les suivît.

Je suis persuadé qu'en mettant à part quelques hommes comme lui, les administrations sont pourvues de beaucoup d'employés supérieurs qui, tout en faisant bien leur devoir, en s'acquittant avec ponctualité et précision de leurs fonctions, n'y mettent pas ce zèle passionné qui a fait la prospérité inouïe de l'industrie de certains pays comme l'Angleterre et l'Amérique. L'activité, l'énergie individuelle constante, l'âpreté des industriels ne se trouvera jamais chez un fonctionnaire d'une régie municipale. La régie municipale ne sera jamais animée de cet esprit d'initiative, de volonté opiniâtre qui caractérisent généralement les entreprises individuelles ou collectives des sociétés anonymes ou autres.

M. Adrien Veber. — On n'y trouvera pas non plus la même cupidité.

M. Edmond Lepelletier. — La régie sera une maison de commerce, une des plus grandes usines de France, qui centralisera une quantité considérable de capitaux et de marchandises ; elle devra développer, comme la compagnie le fait actuellement, le fonctionnement de l'industrie du gaz. Nous craignons qu'elle ne réponde pas à l'attente de ceux qui la demandent, qu'elle administre d'une façon fâcheuse, qu'elle ne fasse pas de bénéfices et qu'elle amène une situation onéreuse.

Que se passera-t-il alors ? Je défends surtout les intérêts des petits commerçants, des petits consommateurs de gaz.

Il arrivera que la régie n'ayant pas obtenu les 17 millions de bénéfices qu'elle doit avoir, qu'elle croit avoir...

M. Louis Puech. — Elle les aura.

M. Edmond Lepelletier. — ....c'est une promesse ! Le prix du gaz ne sera pas abaissé comme le public l'espérait, car on estimait que le prix de 20 centimes, obtenu au moyen de la combinaison que vous connaissez, serait un maximum.

On croyait que, dans l'avenir, l'abaissement irait progressivement ; on supposait que, par l'extension donnée aux sous-produits, par une exploitation économe et par une administration intensive, la compagnie qui prendrait l'exploitation du gaz, soit par adjudication, soit par concession, se mettrait avec un zèle infatigable à développer son industrie et à faire participer le public aux bénéfices qu'elle pourrait réaliser.

Il n'en sera pas ainsi avec la régie. Un négociant dont les recettes sont insuffisantes, dont l'exploitation est onéreuse, sait qu'au bout de sa mauvaise gestion il y a la faillite, le tribunal de commerce, la déchéance et le séquestre ; la compagnie en régie saura très bien qu'en pareil cas, la solution sera une demande de crédit à la ville, et qu'en somme ce sont les consommateurs de gaz et aussi les non-consommateurs qui payeront la différence, qui rétabliront l'équilibre ; car le système de la régie produit ce résultat que les habitants d'une grande ville comme Paris, qui n'usent pas de gaz, devront prendre leur part des charges destinées à combler le déficit, parce que si le gaz en régie ne produit pas les bénéfices, l'impôt devra boucher le trou fait au budget municipal.

Cette question présente un intérêt général et, en même temps, un intérêt moral qui a été mis en évidence par une réunions de citoyens importants représentant les principaux groupes de consommateurs de gaz de Paris.

Les représentants de l'alimentation nous ont exprimé leurs craintes en disant : la régie nécessitera un luxe d'employés qui n'existe pas actuellement ; il sera bien difficile aux conseillers municipaux, aux hommes qui ont voté la régie, de refuser les emplois, les places, les faveurs, les indulgences qu'ils peuvent accorder, et nous, consommateurs de gaz nous craignons ce relâchement dans le service et cette augmentation dans les frais.

Les représentants du commerce n'ont pas seulement insisté sur ce côté moral, sur ce petit côté de la question, sur cette dépendance, pour ainsi dire, où se trouveront les régisseurs qui seront en partie des élus du suffrage universel à l'égard de leurs employés qui seront les électeurs. L'article 2 du projet dit que toutes les inventions nouvelles de la science, tous les perfectionnements dans l'art de l'éclairage et de la combustion seront administrés en régie. Cet article 2 s'applique naturellement à l'électricité, mais les mystères de la science sont insondables et, il y aura d'autres découvertes. Par exemple, l'acétylène est un gaz à peu près connu mais qu'on n'emploie pas encore couramment parce qu'il présente certains dangers ; il peut cependant arriver un moment où l'acétylène donnera une lumière excellente et à un prix de revient peu élevé. Il sera mis aussi en régie. Dès à présent, par le seul vote de l'article 2, vous établissez pour ainsi dire un monopole d'État de l'éclairage passé, présent et futur.

M. Édouard Vaillant. — C'est ce qu'il faut. C'est le seul moyen de faire progresser la science.

M. Edmond Lepelletier. — Vous dites que cela est utile parce que, autrement, la science ne pourrait pas progresser ; je crois le contraire.

Cette clause est utile pour délivrer la ville de Paris de toute concurrence, pour lui garantir le monopole de la distribution de la lumière et de l'éclairage dans Paris. Mais pouvez-vous soutenir que, lorsqu'on concentre une industrie dans une seule main, on n'interdit pas par là même aux hommes de science, aux chercheurs, aux inventeurs de s'en occuper ? Ils se disent : A quoi bon ? La régie aura arrêté par avance ses systèmes, ses marchés, ses combinaisons. Vous n'encouragez donc pas le pauvre savant qui travaille dans sa mansarde, vous ne stimulez pas le génie inventif des Français ; tout progrès sera ainsi paralysé. Les chercheurs se diront qu'il en sera d'eux comme de toutes les inventions qui se rapportent à la défense nationale ; leurs auteurs les présentent aux Ingénieurs sortis de l'école polytechnique ou de l'école centrale, aux conseils institués au ministère de la guerre ou auprès des pouvoirs publics. On écarte leurs projets parce que, vous le savez, les chers camarades ne veulent entendre parler que des idées et des plans qui émanent des leurs. Il en sera de même pour l'industrie de l'éclairage. Une fois la régie instituée, elle aura ses conseils techniques qui seront en rapport avec les ingénieurs officiels ; ceux-ci seront toujours sûrs d'être accueillis et écoutés ; les autres seront éconduits et paralysés ; la porte sera fermée à toutes les innovations, au progrès.

L'article 2, je le reconnais, est inspiré, par un esprit démocratique. Loin de moi la pensée de dire que vous avez eu un esprit rétrograde en réservant à la ville le monopole de toutes les inventions nouvelles d'éclairage.

Il constitue pourtant la négation du progrès. Si toute production, toute exploitation industrielle et commerciale se trouvaient concentrées en une seule main, accaparées par un seul pouvoir, les progrès scientifiques et industriels ne se développeraient plus.

M. Edouard Vaillant. — Au contraire !

M. Edmond Lepelletier. — Peut-être a-t-on mal saisi mon argumentation. Je ne veux pas entrer dans le détail des faits, mais il est évident que toutes les fois que l'Etat a le monopole d'une industrie quelconque, cette industrie se trouve paralysée et enrayée.

M. Jean Bourrat. — C'est absolument inexact.

M. Edmond Lepelletier. — Toujours est-il que l'article 2 sera tout à fait nuisible dans l'avenir, car il constituera une entrave aux recherches, aux investigations et surtout aux propositions des ingénieurs et des savants qui n'appartiendront pas à l'ordre officiel, à la régie.

M. Edouard Vaillant. — C'est tout le contraire.

M. Edmond Lepelletier. — L'esprit de parti, l'esprit d'antagonisme est partout aujourd'hui, il est évident qu'un projet, fût-il aussi scientifique que possible, réalisât-il une grande découverte, ne sera examiné et classé par le conseil central, par le préfet, qu'après qu'auront été examinées les qualités et les opinions politiques de son auteur. Voilà encore un danger.

L'alimentation a, de son côté, présenté indirectement une observation assez juste. Les représentants des grosses industries parisiennes sont de grands consommateurs d'éclairage ; l'un d'eux dépense pour 75,000 francs d'électricité par an et il est très inquiet à la pensée que la régie peut être appliquée à l'éclairage électrique dans très peu d'années, puisque les traités passés avec les secteurs électriques vont bientôt arriver à expiration.

Cela les inquiète, parce que, disent-ils assez justement, ce me semble : nous aurions pu espérer, à la faveur de la concurrence, obtenir une diminution dans le prix de l'éclairage électrique.

Cet éclairage a fait d'énormes progrès. Vous êtes les premiers à réclamer que l'électricité soit répandue partout. La régie sera encore un obstacle à sa diffusion, car il est probable que, lorsque les traités seront expirés, en 1910, si on n'était pas certain que la ville de Paris mettra la main sur l'électricité, il se présenterait des maisons qui auraient réuni des capitaux pour donner l'éclairage électrique à meilleur compte qu'à présent. Vous tuez la concurrence d'avance. Ce n'est pas une question de politique, mais une question d'intérêt matériel. Je ne crois pas que l'on puisse nier qu'il y ait avantage pour des consommateurs, pour des clients, à avoir affaire à une concurrence, au lieu de se trouver en face d'un nouveau monopole.

En effet, en réalité, que faites-vous ? Vous donnez à l'Etat un monopole spécial qui s'appellera le monopole de l'industrie éclairante, puisqu'il accapare et qu'il concentre dans ses mains le gaz, l'électricité, l'acétylène et, je puis même dire jusqu'au radium, si on arrivait à le produire à bon marché, il y a là un abus, un danger, et tous les commerçants de Paris, petits et gros, sont les premiers à s'en plaindre et à joindre leurs réclamations à celles de ces gros représentants de l'alimentation. Ceux-ci ont une influence considérable sur les comités au moment des élections. Le conseil municipal de Paris a voté la régie par 43 voix ; il ne croit donc pas que ce soit bien dangereux pour les consommateurs, ni contraire aux vœux de ses électeurs.

Les représentants de l'alimentation et du petit commerce ont répondu d'une façon très simple :

Mais oui, nous avons voté pour ces candidats, qui sont aujourd'hui des élus, mais nous avons voté en leur faveur pour d'autres considérations, pour des considérations politiques. C'est leur affaire. Nous n'avons pas à examiner ni à critiquer ce qu'ils ont fait. Mais il est bien évident que la question du gaz n'a pas été posée sur le terrain de la régie, au moment des élections. (*Dénégations à l'extrême gauche.*)

Certainement non ! On a discuté beaucoup la question du gaz au moment des élections ; mais les électeurs ne se sont préoccupés que de deux choses : d'abord que ce ne fût pas la compagnie du gaz ancienne qui reprît la gestion, parce que le corps électoral, le public, a l'horreur instinctive du monopole, et ensuite il a manifesté le désir que le gaz revînt à bon marché et que non seulement le prix de 20 centimes fût un prix acquis, fixé, mais que ce prix fût considéré comme un maximum qui irait en diminuant.

Or, actuellement on veut constituer non pas un système garantissant le gaz à bon marché et avec l'espérance de diminutions successives, mais ce monopole dont le corps électoral a, je le répète, horreur, sans garantie d'abaissement du prix du gaz, avec presque certitude que si le gaz est maintenu à 20 centimes, ce sera grâce à l'intervention de l'impôt, les contribuables versant la différence.

Soyons un peu sincères : il est évident qu'il serait impossible à la régie d'administrer plus économiquement qu'une société industrielle, qu'une société financière. On sera en même temps obligé — c'est une question d'humanité — d'être beaucoup plus large envers les ouvriers. (*Mouvements divers à l'extrême gauche*). J'en serai bien aise et bien heureux, c'est entendu ; et si, n'appartenant pas à l'opposition, j'étais moi-même membre du conseil de régie (*Exclamations et rires à l'extrême gauche*), je serais tout disposé à augmenter dans les termes les plus larges les salaires des travailleurs du gaz. Mais quand je les aurais augmentés par humanité, par sympathie pour la classe ouvrière, le caissier me dirait : Vous avez augmenté les charges d'exploitation ; celle-ci devient onéreuse ; les bénéfices diminuent !

Voilà ce qui fatalement arrivera. Sinon les membres du conseil de régie mentiraient à tous leurs principes, à tous leurs devoirs Je ne les en crois pas capables. Ils augmenteront certainement les salaires. Vous serez d'accord avec moi pour le reconnaître. Je vous mets au défi de prétendre que vous n'augmenterez pas les salaires — et vous ferez bien de les augmenter.

Fatalement aussi, avec les salaires vous augmenterez le nombre des employés. Certains ouvriers sont exténués de travail, par exemple les allumeurs ; en été ils font un service vraiment excessif et tel qu'ils ne peuvent se livrer à aucune autre occupation ; ils doivent allumer vers huit heures du soir et éteindre vers trois heures du matin.

L'augmentation fatale du chiffre des salaires et du nombre des employés amènera des pertes dans l'exploitation qui deviendra moins rémunératrice, peut-être coûteuse — non pas parce qu'elle sera mauvaise en elle-même — nous suppposons qu'elle sera excellente, mais elle ne sera pas aux mains d'une compagnie anglaise, américaine ou française, aux mains d'hommes agissant comme des industriels ayant quelque dureté pour leur personnel — et ce sera un grand avantage — mais les exploitants seront obligés de faire preuve de mansuétude, de compassion pour des concitoyens. Ce n'est pas ainsi qu'on obtient de gros dividendes, qu'on fait de bonnes affaires, qu'on réussit dans une entreprise commerciale On en fera de mauvaises parce que quand la régie fonctionnera, pourrez-vous la critiquer, l'arrêter ? Pas du tout. Elle est établie à perpétuité, il ne s'agit pas d'un mandat à court terme. Une fois la régie votée, ce n'est pas le conseil municipal qui, lui, peut être remplacé par un autre, qui, pourra la changer ; c'est le préfet, c'est le gouvernement central qui dirige tout, qui nomme et révoque : il est le maître de la situation, il passe les marchés, car l'autorité et l'action du directeur sont réduites à un rôle insignifiant.

On sait ce que c'est qu'un directeur de grande société, on se rappelle ce qu'était par exemple M. Schneider au Creusot. Il pouvait passer des marchés importants, traiter, diriger, combiner des opérations. Eh bien, on donne au directeur de la régie du gaz l'autorisation de passer des marchés, mais a la condition qu'ils ne dépassent pas 10,000 francs. Ce n'est vraiment pas sérieux pour une compagnie comme celle du gaz, quand il s'agit d'une industrie aussi importante. Ce directeur n'a aucun pouvoir, c'est un simple employé. C'est ce qu'a voulu M. le rapporteur.

M. le rapporteur. — C'est inexact. Je proteste.

M. Edmond Lepelletier. — Des républicains parlaient tout à l'heure de la commune ; on devrait bien parler de l'autonomie communale. On a cherché à armer la commune de tous ses services, et maintenant que faites-vous ? Vous allez créer un précédent dangereux, vous allez donner à l'Etat...

M. le président de la commission. — Pas à l'Etat.

M. Edmond Lepelletier. — Au préfet représentant l'Etat, l'entreprise de l'éclairage et du chauffage non pas seulement par le gaz, mais par tous les moyens possibles, connus et à connaître, d'une grande ville. Il y a là un double danger : un danger immédiat, qui est de faire de mauvaises affaires, de créer un déficit, et un danger général, qui est de marcher vers une socialisation des industries qui doivent rester privées. Vous allez, par votre délibération, inquiéter bien des professions et bien des industries, car le premier pas sera fait.

Il est possible que je sois mauvais prophète ; il est possible que, grâce à ses immenses ressources, grâce à sa population qui augmente sans cesse, malgré la gestion difficile, malgré les difficultés d'une entreprise comme la régie, malgré tous les impedimenta, la ville pourra se tirer d'affaire ; il est possible aussi que les contribuables ne grognent pas trop quand on leur demandera de solder par quelques contributions de plus le plaisir d'avoir la régie directe. Mais l'exemple sera imité, comme je le disais en commençant, et dans d'autres villes n'ayant pas les ressources de Paris, vous verrez ce qui arrivera.

Il y a des pharmacies municipales, il y aura des boulangeries, des cordonneries, des laiteries municipales, et quand ces industries seront municipalisées, comme il faudra de l'argent pour équilibrer leurs recettes insuffisantes ou couvrir leurs dépenses d'exploitation, l'Etat interviendra et toutes ces municipalisations deviendront comme pour le gaz des sociétés d'Etat. Il est indiscutable que le gaz en régie n'est plus le gaz municipal, puisque ses pouvoirs d'administration sont dans les mains de l'Etat. (*Très bien ! très bien ! sur divers bancs.*)

Je vous engage, par conséquent, à repousser la régie directe, non pas par esprit de parti et d'antagonisme contre Paris, mais dans l'intérêt des commerçants, des employés parisiens et aussi dans l'intérêt supérieur de l'industrie française, des progrès de la science et du stimulant à donner aux inventeurs et aux savants. Vous repousserez la régie en même temps pour défendre l'Etat contre la tendance à substituer son rôle au rôle des communes. (*Applaudissements sur les mêmes bancs*).

Participation aux bénéfices

Dans la discussion des articles M. Lepelletier est intervenu pour soutenir la participation des ouvriers et employés du gaz aux bénéfices à réaliser sur l'exploitation.

Cette proposition était repoussée par la Commission.

M. Lepelletier a répondu à M. Adrien Veber.

Séance du 25 Octobre 1904

(Extrait du *Journal Officiel* du 26 octobre 1904).

M. le Président. — La parole est à M. Lepelletier.

M. Edmond Lepelletier. — Messieurs, c'est toujours un des articles d'un programme économique modéré et réalisable que de vouloir faire travailler le capital et capitaliser le travail autant que possible.

M. Adrien Veber. — Mais il n'y a pas de capital, en l'espèce !

M. Edmond Lepelletier. — Monsieur Veber, je n'ai pas besoin de rappeler à un esprit aussi juridique que le vôtre ce grand principe de droit : le statut personnel d'un patron n'a aucune espèce de rapport avec les conditions du travail. Il s'agit de savoir en ce moment-ci si, oui ou non, l'exploitation du gaz, dans une ville comme Paris, est un service municipal analogue à celui des hôpitaux, des marchés, des égouts...

M. Adrien Veber. — Oui !

M. Lucien Puech. — C'est évident.

M. Edmond Lepelletier. — ... ou un service industriel, une entreprise comme les chemins de fer. Il est bien évident que l'entreprise du gaz fonctionne depuis de nombreuses années comme une maison de commerce et qu'elle ne cessera pas de fonctionner ainsi parce qu'elle sera administré par des conseillers municipaux, par des fonctionnaires sous la haute main de M. le Préfet de la Seine soumis lui-même à la plus haute main du ministre de l'intérieur. Il est bien évident qu'en droit il est impossible de dire que le changement dans l'état des patrons peut modifier en quoi que ce soit la condition des ouvriers. Le parti républicain socialiste modéré auquel j'appartiens (*Interruptions à l'extrême gauche*) — oui ! je suis un socialiste modéré, je l'ai toujours été — n'a pas cessé de réclamer la participation aux bénéfices. C'est une condition d'apaisement social. Nous croyons que toutes les fois qu'on peut trouver le moyen de démontrer à l'ouvrier qu'il doit être l'associé de son patron, on fait une bonne œuvre républicaine. Eh bien ! vous avez là une occasion admirable. La ville de Paris va devenir la patronne d'une grande industrie. Que les socialistes très avancés appliquent donc le programme des socialistes modérés. Les ouvriers vous demandent l'assimilation aux travailleurs municipaux. Pourquoi ? Parce que les travailleurs municipaux ont une sécurité que n'ont pas les autres, parce qu'il sont considérés comme de petits fonctionnaires.

Mais peut-être vaudrait-il mieux ne pas assimiler les employés du gaz aux travailleurs municipaux et établir à leur profit la participation aux bénéfices, c'est-à-dire, en somme, les assimiler à des employés de grandes maisons de commerce privées, intéressés aux bénéfices de leur patron.

Veuillez considérer qu'alors vous en retireriez un avantage au point de vue du rendement de l'industrie. En effet les ouvriers seront intéressés à travailler avec plus d'assiduité et à ne pas multiplier les jours de maladie car vous savez bien — faut-il le dire ici ? — que les travailleurs municipaux, tout en étant de braves gens, en prennent souvent à leur aise...

M. Adrien Veber. — C'est pour cela que vous voulez les faire participer aux bénéfices !

M. Edmond Lepelletier. — Ce n'est pas la même chose du tout, mon cher Veber ! Vous n'avez pas suivi mon argumentation ; elle est pourtant bien simple. Si vous assimilez les travailleurs du gaz aux travailleurs municipaux, leur condion sera améliorée ; mais elle sera améliorée sans avantage pour la ville ; on en fera des employés d'administration, c'est-à-dire des employés qui travailleront tout juste le temps nécessaire pour ne pas se trouver en faute. Si, au contraire, vous en faites des employés intéressés, vous imiterez ce qui se passe dans l'industrie anglaise, dans l'industrie française, dans toutes les industries. L'ouvrier sait qu'à la fin de l'année, au moment du bilan, il aura sa part de bénéfices, il s'évertue à faire produire le plus de bénéfices possible, il s'efforce de ménager les intérêts de son patron.

Il y a là justement un essai excessivement intéressant à faire, et la ville de Paris, qui deviendra industrielle, qui va devenir vendeuse de gaz, vendeuse d'éclairage, deviendrait une bonne patronne, en associant ses travailleurs aux bénéfices de l'exploitation.

(*Très bien, très bien*, sur divers bancs).

A la suite de ce discours, M. Edmond Lepellettier a reçu un grand nombre de félicitations.

Nous reproduisons l'une de ces approbations, parce qu'elle émane d'un des plus distingués représentants de la Ville de Paris, M. Ambroise Rendu, conseiller municipal ; membre de la Commission du Gaz :

25 octobre 1904.

Mon cher ancien collègue et ami,

Vous avez fait un excellent discours sur le Gaz parisien, et je tiens au nom des contribuables, patentables et autres, — à vous en remercier.

Nous marchons à la grande gabegie. Tous nos services municipaux y passeront.

Bravo encore !

Votre bien dévoué

Ambroise Rendu,

Conseiller municipal.

L'Impôt sur le Revenu

C'est une réforme considérable et éminemment démocratique, en principe, que l'impôt sur le revenu.

Il est juste que l'on demande à chacun de contribuer, dans la limite de ses forces, aux charges de l'Etat. L'impôt est nécessaire, mais, pour qu'il cesse d'être un tribut ou une spoliation, il faut qu'il soit équitablement réparti, et qu'on ne demande à chaque contribuable que ce qu'il peut donner.

Il y a de grandes réformes à faire dans l'usage qu'on fait des ressources de l'impôt. Que de dépenses inutiles ! Que de dégrèvements encore attendus ! Que de sinécures et de budgétivores à supprimer !

Il est impossible à un républicain d'être l'adversaire du principe de l'impôt sur le revenu.

Mais j'ai combattu, comme on le verra par le discours suivant, le projet d'impôt tel qu'il était présenté, car il constituait un véritable impôt sur le travail, et il était de nature à opprimer un certain nombre de contribuables, à ruiner le petit commerce, à frapper l'employé, l'ouvrier, le paysan, et à entraver la production de la richesse nationale.

Séance du 29 novembre 1904

(Extrait du *Journal Officiel*, du 30 novembre 1904)

M. le Président. — La parole est à M. Lepelletier.

M. Edmond Lepelletier. — Messieurs, bien que la discussion sur l'impôt sur le revenu ait déjà pris un certain temps, je crois cependant de mon devoir de vous présenter quelques courtes observations, d'abord parce que je diffère absolument d'avis avec l'honorable M. Fernand-Brun, qui semble accepter en principe l'impôt sur le revenu tel qu'il est présenté, sauf à en restreindre l'action, et surtout parce que je ne saurais admettre les courtes observations présentées, avec cette franchise subtile qui fait le fond de son caractère, par l'honorable ministre des finances.

M. le ministre disait tout à l'heure : « J'ai réduit autant que possible l'impôt sur le revenu. » Cela voulait dire, si j'ai bien compris, qu'il a rendu l'impôt sur le revenu supportable, qu'il en a fait une pilule facile à avaler. En effet, le pays n'aurait pas pu supporter l'impôt global et vos estomacs l'auraient certainement rejeté. Mais, tel qu'on le présente, l'impôt est en apparence anodin, presque tolérable.

Toutes les fois que l'on parle de l'impôt sur le revenu, une équivoque naît dans les esprits. Cet impôt apparait toujours comme démocratique et comme juste parce qu'il semble devoir frapper uniquement les riches. Mais si l'on considère son incidence, sa répercussion sur le travail et sur la production nationale, on est obligé de reconnaître que c'est une mauvaise méthode que de vouloir frapper systématiquement les riches, et qu'à travers la richesse bien vite on atteint le travail, l'agriculture, l'industrie et les arts. J'estime — c'est pour cela que je combats le principe même de l'impôt sur le revenu et non pas seulement l'impôt amendé, l'impôt aimable dont nous parlait M. Fernand-Brun et dont M. le ministre nous disait qu'il était devenu tolérable et admissible — j'estime que tout système d'impôt sur le revenu, pour être démocratique, pour être conforme aux principes de la Révolution française, au programme socialiste, doit être absolument progressif. Son application rencontrerait des difficultés, je le sais ; mais je ne suis pas de ceux qui viennent ici faire de la surenchère et proposer, au nom des programmes les plus avancés, l'établissement de l'impôt progressif.

M. Charles Bos. — Mais nous l'avons à Paris !

M. Edmond Lepelletier. — En partie, il est vrai, la taxe sur les loyers parisiens étant progressive.

Accepté dans son principe, l'impôt progressif aurait pour conséquence l'établissement d'un impôt unique. Il faudrait donc substituer, à toutes les formes d'impôts existants, l'impôt sur le revenu qui est très bon théoriquement, mais qui — je le crois et je vais essayer de le démontrer très rapidement — serait fort difficile à appliquer et porterait préjudice à un ensemble intéressant de travailleurs, de petits commerçants et de petits producteurs.

Pratiquement l'impôt progressif unique est irréalisible. En somme l'impôt sur le revenu, tel qu'on nous le présente, frapperait le travail, il porterait sur la production nationale, menacerait et paralyserait la circulation des richesses. Voilà pourquoi je le combats.

Il ne s'agit pas de le rendre possible, de l'humaniser, de l'adoucir, car sa modération est peut-être le plus grand danger du projet qui vous est soumis. Ainsi M. le rapporteur qui a étudié, avec un grand soin, toutes ces matières et qui était partisan d'une réforme que j'aurais approuvée et qui consistait dans la suppression de la taxe locative, a été obligé de faire une concession sur ce point. Il l'a rétablie, et ce rétablissement nous montre bien le danger, qui autrement, aurait pu se dissimuler. M. le rapporteur, sur un autre point, a dû élever l'étiage de l'impôt et le porter de 2,000 à 2,500 fr. pour les villes comme Paris. Cette concession, qui permet d'exonérer un plus grand nombre de citoyens, démontre le péril de la mobilité de l'impôt proposé.

Pour y arriver, pour pouvoir retrouver les rendements dont il se privait, qu'a fait M. le rapporteur ? Il a simplement usé du mécanisme qu'il avait à sa disposition et il a dit : Le taux de répartition de chaque imposé, au lieu d'être de 1 fr. 50, sera de 1 fr. 70. Ces 20 centimes représentent les produits abandonnés par l'élévation du minimum imposable. Il y a, dans cette espèce de système métrique appliqué à l'impôt, un grand danger. Si on peut hausser d'un cran à chaque besoin la cote et modifier l'assiette de l'impôt, c'est excessivement périlleux pour les imposés et c'est contraire au premier principe de l'impôt. En effet, le contribuable doit savoir ce qu'il paye et il doit être imposé sur des cotes fixes, sur des bases stables. Il est évident qu'on vous propose ici de rétablir sous une nouvelle forme la fameuse planche aux assignats.

Quand un ministre des finances moins avisé que M. Rouvier aura besoin de fonds, au lieu de se heurter à des objections et de soulever d'inquiétants débats en proposant des impôts nouveaux ou le relèvement de ceux qui existent et qu'on repousserait peut-être, il se contentera de dire, comme l'a fait M. le rapporteur : je suis embarrassé puisque vous m'enlevez 5 millions ; je relève l'étiage du taux d'imposition ; puisqu'au lieu de maintenir à 2,000 fr. le minimum je dois le reporter à 2,500 fr., afin d'avoir des recettes, au lieu de demander au contribuable 1 fr. 50, je lui demande 1 fr. 70 p. 100.

Lorsque M. le ministre des finances sera aux prises avec une difficulté quelconque, au lieu de proposer un nouvel impôt, ce qui pourrait avoir une répercussion fâcheuse dans le pays, il proposera simplement d'élever de 1 fr. 70 à 1 fr. 90 et peut-être même à 2 fr., à 2 fr. 10 la cote de l'impôt. Il n'y a aucune limite. Mais c'est là un système absolument contraire à toutes les règles financières, à toutes les lois de la comptabilité de notre pays que celui qui consiste à établir un impôt élastique au point de pouvoir s'étendre à l'infini, selon les besoins du moment.

Rien que ce fait de l'extension indéfinie de l'impôt sur le revenu devrait le faire condamner. C'est un impôt, pour ainsi dire, incompressible, tandis que le contribuable, lui, demeure compressible. Le taux acquis pourra toujours être augmenté, jamais il ne sera diminué. Il y a là une source d'abus évidents. Si nous laissons introduire dans nos lois ce principe, il n'y a pas de raison pour que, du jour au lendemain, l'impôt ne perde son nom et ne devienne de la spoliation, de la confiscation. (*Très bien ! très bien ! à droite.*)

En ce moment, cet impôt nouveau se fait très doux, très humble, très conciliant. Ainsi, dans le tableau qui nous est fourni, les chiffres sont poussés assez loin ; on va jusqu'à 2,500,000 francs et 3 millions de rente ; à ce point-là on applique des augmentations de 8,500 fr. d'impôt par 500,000 fr. de rente. En supposant que ces fortunes soient nombreuses dans notre pays, il est évident que l'augmentation proposée n'est pas conforme à l'équité. Pour un homme qui a 4 millions de revenus, que signifie cette augmentation annuelle de 8,500 francs ? C'est un cheval de moins à l'écurie !

Le projet favorise donc, dans une certaine mesure, les classes très riches de notre pays, où d'ailleurs elles sont rares, exceptionnelles, tandis que l'on doit surtout légiférer pour les classes moyennes, pour le plus grand nombre. Or, les classes moyennes sont absolument sacrifiées dans le projet.

Je ne parle pas seulement au nom de la population parisienne que j'ai l'honneur de représenter. Je crois, en effet, que les habitants de la campagne sont également frappés très durement. Le minimum d'exemption proposé par la commission n'est pas, en effet, favorable à l'extension de la famille, du travail, du patrimoine et de l'épargne dans nos campagnes, tandis qu'il est désastreux pour les familles urbaines, pour le travailleur des cités.

On a beaucoup parlé de l'*income-tax* ; mais c'est un impôt condamné par les philosophes et par les économistes de l'Angleterre ; c'est un impôt de guerre de l'ancien régime proposé par Pitt pour répondre aux besoins créés par les guerres avec la France. Il fut supprimé après la lutte ; plus tard Robert Peel le rétablit, comme rançon des lois sur les céréales.

L'application de cet impôt a changé la manière de vivre des Anglais. En Angleterre, on vit en grande partie au club, à l'hôtel meublé dans les villes, et loin de la cité, dans les villages ; nos voisins n'ont pas les mêmes exigences que nous. N'allez donc pas comparer la population anglaise avec la nôtre, pas plus que la population française avec une peuplade d'une île lointaine. Cet impôt sur le revenu, tous les économistes anglais, le condamnent ; il fut longtemps considéré comme une ressource extraordinaire, un impôt de guerre. Ceux qui l'avaient créé et repris l'acceptèrent quand ils furent au pouvoir, mais ils le combattirent une fois qu'ils furent dans l'opposition. Ne venez donc pas nous proposer comme exemple l'*income-tax* anglais pas plus que l'impôt analogue allemand : ce ne sont pas là des précédents absolument démocratiques. Prenons nos exemples non pas chez nos voisins, mais chez nous.

La vertu prédominante dans notre pays, celle qui lui donne ce ressort merveilleux, qui lui a permis, au lendemain des plus grandes catastrophes, lorsqu'il avait été saigné de deux façons, par le sang et par l'argent, alors qu'il paraissait épuisé, à bout de forces, de ressources, d'espoir de se relever, c'est l'épargne. On a vu après 1870 la France reprendre tout à coup une vitalité extraordinaire ; on a vu se gonfler de nouveau ces bas de laine patriotiques qui s'étaient vidés pour souscrire l'emprunt destiné à libérer le territoire. (*Très bien ! très bien ! à droite.*) Or, avec l'impôt sur le revenu, vous n'encouragez pas le paysan à épargner...

M. Lasies. — On lui prend tout ce qu'il a !

M. Edmond Lepelletier. — Oui, on lui prend tout ce qu'il a, on l'empêche d'avoir tout ce qu'il espère. Aujourd'hui, il possède encore cette vieille vertu française de l'épargne, il est encore attiré par l'économie ; il a plaisir à entasser. Et c'est ce sentiment, cet intérêt qui, je le répète, a fait la force de notre pays dans les temps difficiles.

Le paysan calcule que, plus il épargnera, plus il pourra acheter de ce bien qui se voit au soleil, de cette terre qu'il aime comme une maîtresse et qu'il féconde comme une mère. A l'avenir, il saura que le fisc va venir chez lui , que plus il économisera, plus il payera. Il s'abstiendra donc d'économiser.

C'est un représentant des villes qui parle en ce moment au nom des paysans, mais les intérêts des villes et ceux des campagnes sont ici connexes. Quand le paysan recevra cette feuille de contributions qu'il regarde avec attention, dont il en discute les chiffres avec ses voisins le dimanche au cabaret que pensera-t-il ? Que lui dira-t-il ? Tout le monde est d'accord avec lui pour maudire les impôts nouveaux. N'en est-ce pas un ? Je demande à ceux des députés de la majorité qui appartiennent à des circonscriptions rurales, et qui ont promis de ne plus jamais voter d'impôts nouveaux, comment ils se justifieront devant leurs électeurs d'avoir établi cet impôt plus dur, plus pénible que les anciens et qui est susceptible de tarir les sources mêmes de la fortune française.

Cet esprit d'épargne, c'est le salut de notre pays ! Avez-vous songé un moment à cette loi sur les caisses d'épargne que je ne trouve pas mauvaise, mais qui offre de gros dangers ? Elle met les économies du pays à portée du fisc, sous la menace de taxes nouvelles.

A l'heure actuelle le paysan qui a de l'argent à placer achète un lopin de terre ou le met à la caisse d'épargne en laquelle il a confiance ; mais il faut se garder de lui faire perdre cette confiance. Si un jour il vient à penser que chaque fois qu'il sortira un peu d'argent de son bas de laine pour le porter à la caisse d'épargne, il sera imposé, je connais assez notre campagnard pour savoir ce qu'il fera. Ou il dépensera : à quoi bon épargner pour le fisc ? ou il cachera son avoir. Deux courants se produiront. Les vieux qui gardent les anciennes traditions thésauriseront, entasseront leur argent, les jeunes dissiperont leurs biens.

Vous connaissez ce passage des *Confessions* où Jean-Jacques Rousseau se promenant d ns les montagnes de la Savoie, entre chez un paysan, il a faim et soif, mais le paysan ne veut rien lui donner. Jean-Jacques avait cette éloquence naturelle, admirable qui a contribué à la Révolution, sût parler à ce paysan soupçonneux, il lui dit : je suis un ami, je ne suis pas un homme des droits réunis, j'ai faim, j'ai soif, la ville est loin. Alors le paysan avec toutes sortes de précautions sort de sa cave un bissac où il y a un peu de lard, de pain et de vin, et donne à son hôte ce qu'il a caché de peur des investigations des commis du fisc.

Voilà ce qui se passait il y a un siècle, voilà ce qui se passera encore si le paysan prend peur ; il cachera son argent ! (*Applaudissements.*)

De plus, si le paysan est frappé, il hésitera à prendre femme, car dans votre projet on cumule le salaire du mari et celui de la femme.

M. Lasies. — On tue la famille !

M. Edmond Lepelletier. — J'ai sur la femme, sur le mariage, des idées suffisamment larges, presque révolutionnaires. Lorsque j'ai exercé des fonctions qui me permettaient d'allouer des secours dans Paris et qu'il se présentait à moi de malheureuses indigentes, je ne m'occupais pas de savoir si elles étaient ou non des femmes légitimes. Je leur accordais un secours parce qu'elles étaient malheureuses. Je suis donc dégagé de préjugés sur ce point. Cependant il y a le plus grand intérêt à soutenir, à défendre la famille française, à développer et à propager le mariage, à fonder des familles ; déjà vous avez porté un coup redoutable à la femme, au mariage, à la population, avec la loi, très respectable sans doute, sur les accidents, qui pousse l'usinier, le patron, à préférer le célibataire à l'ouvrier père de famille. Vous allez en porter un bien plus dangereux encore avec le nouveau projet. Le paysan comprendra que s'il se marie dans la ferme où il travaille avec une compagne, les sommes qu'ils gagneront, lui et sa femme, seront passibles de l'impôt. Alors il ne se mariera pas. Vous allez donc multiplier dans les campagnes, où cela est plus grave que dans les villes, les unions libres qui ne sont pas protégées par la loi et dont les enfants sont des parias et des victimes dans la société actuelle. (*Mouvements divers.*)

Remarquez que c'est une loi foncièrement mauvaise qu'une loi fiscale qui trouble à la fois les citoyens dans le domaine des intérêts matériels et dans le domaine de la sentimentalité la plus haute, qui les inquiète dans leurs affections et les menace dans leur bien-être, dans leur existence.

Les hommes — ce n'est pas moi qui le dis, c'est un Italien de beaucoup d'esprit, Machiavel — sont mus plutôt par les intérêts que par les sentiments, et lorsque l'ouvrier, le laboureur, le garçon de ferme calculera les charges nouvelles du mariage, lorsque Mathurin se dira que, s'il épouse Mathurine, il payera plus chez le percepteur, il ne l'épousera pas. (*Très bien ! très bien !*)

Je donne cet argument pour mes collègues de la campagne. Quand à mes collègues de la ville, je leur dirai qu'il est bien certain que, dans les villes, prendre pour base la taxe de loyer c'est commettre une injustice. Il est bien évident que vous allez frapper les petits commerçants — et ici je parle *prodo domo* — puisque je représente un quartier de Paris où il n'y a que des petits commerçants, le quartier des Batignolles. Ces petits commerçants sont inquiets; je vous assure qu'ils tremblent devant votre projet de loi destiné à amener une si grave perturbation dans leur existence.

Ils font remarquer avec raison qu'ils sont obligés d'avoir un loyer beaucoup plus élevé que s'ils exerçaient une profession quelconque, n'exigeant pas un local vaste, coûteux, situé dans un quartier cher, ou s'ils étaient de simples rentiers.

Vous me répondrez que l'importance du prix de la location rentre dans leur travail, doit être évalué dans leur part de bénéfices ; mais on n'en tient pas assez compte.

Vous allez donc frapper les gens non seulement comme contribuables, mais comme travailleurs, puisque les commerçants sont fatalement forcés d'exercer leur commerce non pas au cinquième étage, mais dans une boutique, et autant que possible sur une voie fréquentée, passagère, où ils ont des chances de trouver, d'attirer la clientèle et de gagner de l'argent ; c'est grâce à son local, c'est entendu, que ce travailleur gagnera de l'argent, mais ce que vous allez lui demander pour ce local ne sera pas en proportion avec ses gains.

Je n'ai pas besoin de parler ici des souffrances du petit commerce, on doit les connaître, et là je m'adresse aux sentiments républicains de mes collègues de Paris qui ne représentent pas les mêmes idées que moi, mais tous ici nous devons défendre les petits industriels, ces commerçants, ces petits travailleurs si intéressants, si attachés à la République. Il faut faire quelque chose pour eux et il est inadmissible qu'on les frappe dans leur instrument de travail, car le loyer, la boutique, le magasin, c'est l'instrument de leur travail ; ils ne peuvent s'en dispenser pour exercer leur profession.

Ce serait une erreur préjudiciable à une quantité considérable de citoyens de toutes les villes que de les frapper proportionnellement au loyer, d'après le commerce qu'ils exercent. Ils payent déjà la patente, c'est assez lourd ; n'allez pas les augmenter comme s'ils possédaient un revenu, alors que ce revenu provient uniquement de leur travail et de leurs privations.

Parlerai-je des professions auxquelles je m'intéresse particulièrement puisque j'exerce une de celles-là, les professions libérales ? Il est bien certain que ces professions libérales représentent des sommes encaissées, des salaires, des bénéfices, que je suis loin de nier. Mais permettez à un vieux journaliste, à un homme de lettres qui a encaissé des sommes importantes au cours de son existence, mais qui connaît les dangers, les incertitudes, et les défauts de ces professions aléatoires, de vous demander comment vous pourrez taxer équitablement un homme ayant une profession libérale, un artiste, un chanteur, un peintre, un poète. Les gains d'une année, d'un mois, d'une semaine, se ressemblent-ils ? Cet homme peut réaliser des gains aujourd'hui ; il a une pièce jouée, il fait passer des articles dans les journaux, ses romans sont publiés ; mais l'année prochaine, devant lui les portes des théâtres, des éditeurs, seront peut-être fermées. La nomenclature serait longue si je voulais citer tous les hommes célèbres qui ont triomphé, qui sont montés comme Pétrarque au Capitole et que nous sommes allés retrouver, pour les enterrer, rue de l'Aqueduc à la maison Dubois, après avoir voté les fonds indispensables à leur enterrement.

Vous précipiteriez la misère de ces hommes qui, très souvent, ne sont pas suffisamment payés d'abord pour les services qu'ils rendent à la civilisation et à leur patrie, et qui ensuite, par tempérament, par caractère, par esprit de profession, par imitation, suggestion ou entraînement, ne sont pas disposés à faire des économies. Vous voulez les frapper alors qu'ils sont déjà vos meilleurs contribuables, car, les thésauriseurs sont les pires.

En dehors de l'impôt sur le revenu, heureusement, la France possède un système d'impôt excellent dans les contributions indirectes. Ces hommes qui réalisent de gros gains et qui ne sont soumis ni à l'impôt des patentes ni à l'impôt foncier, payent les impôts indirects. On conserve bien des préjugés sur les impôts. Assurément, aucun n'est bon : tous ont leurs défauts : c'est seulement de leur ensemble, de leur mélange, de leur fusion qu'on arrive à tirer ce qu'on pourrait appeler, comme il y a le parallélogramme des forces et sa résultante, la résultante imposable de la France. Les impôts indirects jouent un grand rôle dans cette résultante, dans cette moyenne fiscale.

Je ne voudrais pas avoir l'air de parler seulement en faveur des professions libérales : je rappelais tout à l'heure les intérets de ceux qui labourent les sillons des champs, j'énonce maintenant les craintes de ceux qui ensemencent les sillons de l'avenir, des poètes, des artistes. (*Très bien ! très bien !*)

La France a cette double force d'avoir d'excellents laboureurs qui font de bons soldats pour sa défense et de posséder aussi des écrivains de talent, de grands artistes et d'illustres poètes qui font sa gloire. Ceux-là, vous allez les frapper très durement, d'une façon qui va même avoir une incidence sur les recettes de MM. les percepteurs.

Ces hommes dont le gain est souvent excessif, mais incertain, qui n'ont nuls bénéfices assurés, nuls revenus fixes, dont les ressources peuvent disparaître brusquement, car ils dépendent du caprice d'un patron, d'un directeur de journal, d'un éditeur, de la mobilité de la mode, du caprice de la foule encore plus changeante et qui brise aujourd'hui son idole d'hier, ces hommes dépensent presque toujours sans compter ce qu'ils viennent de gagner ; ils sont alors soumis aux impôts indirects d'une part et d'autre part à la cote personnelle-mobilière. Ils ont de beaux appartements ; mais ils peuvent ne les occuper que pour un ferme, pour deux termes, tant que les bénéfices professionnels durent. Encore une fois, comment les taxerez-vous ?

Ils dépensent de l'argent inconsidérément, direz-vous. Eh bien, s'il font des achats, vous percevrez un impôt indirect. C'est un impôt excellent, qui est le véritable impôt sur le revenu, on ne le paye que selon ses forces, proportionnellement à ses ressources. L'impôt de l'enregistrement, les droits de mutation, l'impôt perçu en vertu de la loi de 1855 sur la transcription, tous ces impôts frappent le revenu. Il est bien clair en effet que l'homme qui n'a pas de revenu, c'est-à-dire qui n'a pas d'épargne, le contribuable dépourvu de superflu, sur le produit de son travail, n'achète pas de propriétés, ne passe pas de contrats chez le notaire, ne dépense pas. Il est sans revenus, il échappe à l'impôt, mais dès qu'il possède il paye selon ses dépenses, c'est-à-dire selon son avoir, car les thésauriseurs ne comptent pas et on retrouve leur fortune amassée.

C'est absolument une erreur de croire qu'on va frapper le revenu du riche et rien autre, que l'on trouvera un moyen nouveau de courir sus au riche, et d'épargner le pauvre et qu'on pressera cette éponge d'or qu'on a appelle l'opulence, en ne comprimant rien ailleurs.

Remarquez, Messieurs, que déjà les personnes appartenant aux classes aisées ont des facilités très grandes pour se soustraire aux charges nouvelles qu'un Etat démocratique et même révolutionnaire peut leur imposer. Mais il faut tenir compte des ménagements dont cette classe doit être l'objet ; souvenez-vous du fameux apologue, l'oiseau d'or : si on le tue, il ne fournira plus la récolte qu'on en attend.

A l'heure qu'il est, l'alarme a déjà été répandue parmi les classe riches : elle s'est traduite d'une façon assez adroite dans ses effets, car, entre autres avantages, les riches ont celui de consulter, de s'entourer des lumières de la finance, du barreau, de prendre des renseignements. Quand une loi, qui paraît dirigée contre leurs intérêts, est sur le point d'aboutir, tous les syndicats financiers sont en éveil, dans tous les milieux d'affaires on se préoccupe des moyens de défense, de résistance, de dissimulation, et l'on cherche à parer cette botte révolutionnaire ou démocratique, si vous aimez mieux, que l'on veut porter à la richesse, au capital. Il se trouve certainement, — je n'ai pas les chiffres, mais on pourrait en avoir des indices au ministère des finances, à la Bourse, à la Chambre syndicale des agents de change, dans certaines grandes villes de Suisse, à Genève, à Lausanne, à Bâle, où de grands capitalistes ont établi leurs quartiers d'affaires, un système qu'on appelle les « comptes-joints » ; ce système consiste dans l'ouverture d'un compte non pas au nom d'une personne, mais de plusieurs personnes jointes.

Lorsque l'une d'elles vient à mourir, sa part est reversée au compte des survivants, sans donner lieu à aucun droit de mutation, sans que l'Etat français, malgré toute l'attention qu'il y prête, malgré la finesse de ses enquêteurs dans la recherche des successions — je dis cela plutôt par politesse, car nous savons très bien que, dans l'affaire Humbert, ils ne se sont pas montrés très avisés (*Rires au centre et à droite*), mais enfin je les suppose devenus habiles, instruits par l'expérience — sans que, dis-je, l'Etat français puisse trouver le moyen de faire payer les droits de succession aux bénéficiaires des comptes-joints ouverts dans les banques suisses.

Ces comptes joints, vous pouvez vous en informer, sont déjà très considérables ; ils vont se multiplier et il s'en créera de nouveaux à la suite de ceux qui existent à Genève, à Bâle et à Lausanne ; je pourrais vous donner le nom des banques ; mais c'est une délation qui n'offrirait aucun intérêt. (*Sourires.*)

M. Ferrette. — Ce serait de la publicité.

M. Edmond Lepelletier. — On va également s'en préoccuper en Angleterre et en Amérique.

Ainsi donc, les gens riches chercheront, par tous les moyens possibles, à se mettre à l'abri de vos investigations. Ils ont un autre moyen. Ils ne sont pas comme ce petit commerçant des Batignolles qui doit rester dans sa boutique pour attendre le client, qui est attaché au comptoir par la nécessité de son métier, de son existence. Ils trouvent des palais au Caire, des villas à Bordighera, à San-Remo. Ils peuvent se transporter n'importe où leur fantaisie les attire, loin d'une région où on les tracasse tandis que le travailleur reste attaché au territoire, où le fisc est sûr de le trouver et de l'atteindre. L'exode de ces gens riches est donc certain. Je ne crois pas qu'il soit aussi considérable que certains le disent, le craignent ou l'espèrent, mais je suis persuadé qu'il s'aggravera. Je crois que ces capitalistes, vexés, irrités, reviendront au bout d'un certain temps ; mais, dans les premiers moments, ne fût-ce que pour faire pièce à ceux qui veulent les frapper, ils partiront ou ne conserveront ici qu'un pied-à-terre ; ils licencieront leurs domestiques, ils n'auront plus besoin de fournisseurs ; ils diminueront les affaires des commerces élégants : ce sera une ruine pour beaucoup d'industries parisiennes.

Informez-vous et vous verrez que déjà les habitants des quartiers riches de Paris fréquentent beaucoup plus qu'autrefois les stations hivernales et ne se contentent plus des villégiatures d'été.

A droite. — C'est très vrai !

M. Edmond Lepelletier. — Mes collègues qui représentent ces quartiers, et qui sont plus au courant que moi des mondanités parisiennes, peuvent témoigner de l'absence voulue de Paris d'un certain nombre de ses habitants, des projets déjà déterminés de simplification d'existence, de séjours à la campagne et à l'étranger, si l'impôt sur le revenu est voté.

De plus en plus, cela deviendra habitude générale de partir, de vivre à l'hôtel dans les grandes capitales, et on ne gardera bientôt plus à Paris qu'une demeure sombre, inhabitée, inutile, si on ne transforme pas ce domicile en simple pied-à-terre.

D'où une perte considérable pour le commerce de l'alimentation, pour les professions de luxe, et grande déperdition de salaires pour les domestiques ; de là, par conséquent, diminution des dépenses correspondant à la situation d'une personne riche à Paris.

Il y a là un danger ; vous effrayez la clientèle riche, non pas évidemment comme au temps de la Terreur — je ne veux pas exagérer les conséquences — par la menace d'un impôt qui n'est pas encore voté, mais, somme toute, j'estime que les bénéfices que vous escomptez seront bien au-dessous de vos prévisions, car une partie des revenus que vous croyez saisir vous échapperont.

Il se produira également pour la classe moyenne une déperdition de matière imposable : on va diminuer son loyer ; les contribuables examineront le tableau des catégories et se diront : « Mais de telle à telle classe, on bénéficie de telle diminution. » Ils feront alors comme les voyageurs aisés, mais économes, qui, en tramway, au Métropolitain ou en chemin de fer, se contentent de prendre un billet de seconde au lieu d'une première ; ils descendront d'une classe de loyer en se disant : « Après tout, je vivrai aussi bien. » Vous n'aurez donc plus là base lucrative sur laquelle reposent vos calculs.

Vous allez provoquer une restriction dans les dépenses des habitants de nos grandes villes ; et il y a là un gros danger pour le commerce et une grosse perte en perspective pour les travailleurs. En somme, les travailleurs des villes vivent en grande partie du commerce de luxe ; et puisque je plaidais, il y a un instant, la cause des laboureurs et celle des petits commerçants, je dois aussi faire valoir les arguments en faveur des intérêts de ces ouvriers de nos faubourgs, de ces artisans parisiens si adroits, si fins, souvent de véritables artistes dans leur industrie, dont les produits inimitables sont appréciés et recherchés dans le monde entier. J'en parle avec respect et sympathie, et avec d'autant plus d'indépendance que je n'ai pas l'honneur de les représenter ; mais ces ouvriers du 11e arrondissement, ces ouvriers de Belleville, je les connais ; et je voudrais vous intéresser à leur sort, à leur avenir : vous allez les frapper non pas directement, — encore les atteindrez-vous personnellement quand ils travailleront en famille, — mais par une voie détournée, dans leur clientèle qui se restreindra, dans leur loyer qui sera plus élevé, dans l'élévation du prix de toutes choses. Ainsi vous allez atteindre une des gloires de Paris, représentée par ces artisans de la bijouterie de la ciselure, vous allez frapper le travail français dans ce qu'il a de plus délicat et de plus recherché, vous allez appauvrir nos travailleurs et ruiner nos commerçants, pour arriver, dites-vous, à trouver des millions ! Que ne les cherchez-vous ailleurs que dans l'établi ou dans la poche du travailleur parisien ?

Ah ! Messieurs, il y a bien d'autres moyens d'en trouver, je crois, que de frapper les revenus de la fabrication française, et avec eux l'agriculture. Remarquez bien que les impôts indirects produisent à peu près 27 p. 100 de notre budget de plus de trois milliards.

Ces impôts indirects ont été défendus à cette tribune par un homme pour lequel je n'ai guère de sympathie, mais qui était très compétent en matière d'impôts et qui avait une prodigieuse capacité financière : M. Thiers. Il disait : Les impôts indirects ne sont pas parfaits, mais ils sont combinés de façon à frapper partout. C'est un vaste filet aux mailles très ténues ; il englobe toute la société française ; il n'y a guère que les indigents qui puissent passer au travers.

C'est absolument vrai ; les impôts indirects sont véritablement proportionnés aux forces de chacun ; ils se combinent et se remplacent les uns avec les autres. En effet, l'ouvrier lui-même, grâce au système actuel, paye sa part d'impôt. Il la paye sans trop de gêne.

Parce qu'on a peur de ces impôts indirects, parce qu'on les présente défavorablement, on ne les défend jamais. Je les considère comme les seuls véritablement avantageux pour l'Etat et pour les citoyens, puisque les contribuables les payent sans s'en apercevoir et sans en être écrasés, et que l'Etat peut les augmenter sans soulever trop de plaintes.

Je ne suis pas entré dans le détail de la perception de l'impôt ; une des grosses difficultés que présente l'impôt sur le revenu que voulez établir c'est qu'il va grossir la cote de chacun, c'est-à-dire la somme à payer d'un seul coup.

Vous savez combien de souffrances produit dans les villes ce qu'on appelle l'échéance du terme tous les trois mois, le 8 et le 15 ; vous savez aussi combien, à la campagne, la Saint-Martin, le 11 novembre, ou d'autres échéances fixes, amènent d'angoisses et d'inquiétudes.

Pourquoi ? Parce qu'il faut donner d'assez fortes sommes en un seul versement. Je sais bien qu'on peut payer ses impositions par douzièmes, mais on ne le fait généralement pas ; il n'y a que les gens aisés qui payent d'avance ; les autres attendent qu'on vienne les poursuivre. Ce mode de perception présente donc un danger et fait naître des inquiétudes pour la rentrée des fonds.

Je vous disais que dans le système actuel l'ouvrier est un contribuable. Il paye, en effet, très largement sa part.

M. Meslier. — Il n'y a que lui qui paye !

M. Edmond Lepelletier. — Dans une démocratie, celui qui a le droit de vote doit participer aux charges de l'Etat. Il ne s'agit pas ici du cens, qui existe encore dans cette libre Amérique que l'on cite sans cesse. En Amérique, dans certains Etats, pour être électeur, il faut acquitter un droit de 10 dollars. C'est peu de chose, mais c'est encore une somme, une taxe à payer en sus des autres droits sur les consommations.

On a reproché à l'ouvrier de ne pas payer d'impôts et on lui dit : Vous nommerez des députés qui vont modifier des impôts, établir des nouvelles taxes auxquelles vous ne serez pas soumis : c'est injuste.

Voilà une erreur avec le système des impôts indirects. L'ouvrier, le travailleur agricole, exempt de l'impôt direct participe aux charges de l'Etat en payant les impôts indirects. Je ne dis pas qu'ils ne sont pas excessifs ; c'est au législateur qu'il appartient de lui en alléger le poids. Quand un ouvrier touche 5 francs, une faible partie de cette somme, c'est entendu, mais une partie de cette somme doit revenir à l'Etat, et c'est dans cette mesure que le travailleur participe aux charges nationales. Voilà ma théorie Elle est bonne pour la dignité du travailleur et du citoyen. (*Assentiment.*)

Quand vous aurez établi l'impôt sur le revenu, ces citoyens en seront exempts pour la plupart, mais ils auront forcément moins de ressources et plus dd dépenses, car l'incidence de l'impôt est fatale. Vous allez être obligés de frapper la terre, la propriété ; par conséquent, les propriétaires augmenteront leurs loyers et leurs fermages. Votre opinion est faite sur ce point, je n'insisterai donc pas.

Les impôts que vous voulez établir sont nouveaux, mais dangereux, les impôts anciens n'étaient pas bons, mais ils n'étaient pas dangereux . On était habitué à les payer. Vous pouvez augmenter les impôts indirects, non pas, bien entendu, ceux qui frappent des objets de consommation et qu'il importe de réduire le plus possible, du reste, les aliments indispensables, le pain, le vin, sont protégés ; mais vous avez une matière imposable dont vous ne tenez pas suffisamment compte, les droits de mutation, de succession, d'enregistrement.

J'ai déposé un projet qui est depuis longtemps encommissionné. Il a été renvoyé à la commission du budget. M. Doumer s'en occupera, je l'espère. Ce projet établit le timbre proportionnel, partout où il est fixé ou simplement gradué ; c'est une ressource excellente ; cette taxe sera acquittée seulement par les personnes aisées, par celles qui font des affaires présumées avantageuses ; il frappera les contrats de mariage, les actes sous-seing privé, les actes judiciaires ou extrajudiciaires. Les petites affaires seront dégrevées, les grosses augmentées. C'est un droit de timbre proportionnel analogue à celui des effets de commerce, qui varie d'après l'importance de la somme en jeu, au lieu d'être invariablement le même.

Actuellement, qu'il s'agisse de 500 francs ou de 500,000 francs, le droit de timbre est le même pour les jugements ou expéditions. Nous reviendrons sur cette question du papier timbré lorsque nous discuterons le budget de la justice et celui des finances. Il y a là une quantité d'impôts indirects à modifier ou à relever. Là, M. le ministre peut puiser sans inconvénients graves les fonds qui lui manquent.

Je termine en disant que l'impôt sur le revenu aura sa répercussion fatale dans le pays. C'est un vieux républicain qui vous l'assure , et si je viens combattre l'impôt sur le revenu, c'est parce que j'ai la conviction qu'il est nuisible au premier chef, ce n'est pas pour le vain plaisir de combattre un ministre des finances habile, qui n'en est pas plus partisan que moi et qui le soutient parce que c'est sa consigne.

Permettez-moi de vous rappeler à propos de l'impôt sur le revenu que mon illustre ami Louis Blanc pensait que l'impôt de 45 centimes avait perdu la République de 1848. Je suis certain que l'impôt sur le revenu sera exploité, dans les campagnes aussi bien que dans les villes, contre la République, comme le fut l'impôt funeste des 45 centimes.

Souvenez-vous de cet exemple, songez à la répercussion fatale de l'impôt sur le revenu sur les faibles et les petits, alors que les riches n'en ressentiront pas les atteintes parce qu'ils transporteront leurs capitaux à l'étranger. (*Applaudissements sur divers bancs.*)

La proposition d'emprunt du Gaz

La Régie directe et le Collectivisme

Dans la 2e séance du 8 novembre 1905, la question du gaz qui avait déjà été traitée, revint sur la proposition de loi, votée par la Chambre, adoptée par le Sénat, avec modification, tendant à autoriser la ville de Paris à emprunter une somme de 120 millions et à organiser le service du gaz.

Je fus de ceux qui combattirent la proposition en ce qu'elle comportait l'établissement de la Régie.

M. Etienne, ministre de l'intérieur, sans doute bien à contre-cœur car le fidèle ami de Gambetta, patriote, et républicain plutôt modéré, est loin d'être d'accord avec les collectivistes, soutint le projet.

Cependant il crut devoir présenter les circonstances atténuantes en faveur de la régie.

Séance du 8 Novembre 1905

(Extrait du *Journal Officiel* du 9 Novembre 1905).

M. Etienne, ministre de l'intérieur. — Je dois à cet égard rappeler à la Chambre que, si nous avons échoué au Sénat — et d'ailleurs à une si petite majorité — c'est parce que le rapporteur, M. Prevet, a su jeter le trouble dans l'esprit de ses collègues en faisant un exposé inquiétant de toutes les conséquences fâcheuses que pourrait entraîner le collectivisme dans la régie du gaz.

Mais, je vous en fais juges, messieurs, est-il possible de soutenir aujourd'hui, avec les garanties dont nous entourons la régie, que nous allons installer le collectivisme à l'Hôtel de Ville de Paris ?

M. Georges Berry. — C'est le premier pas.

M. Edmond Lepelletier. — Je demande la parole.

M. le ministre de l'intérieur. — Comme il a été démontré que dans tous les grands pays de l'Europe le système de la régie est aujourd'hui admis, qu'il est même en voie d'extension dans les pays monarchiques...

M. Charles Benoist. — Il offre beaucoup moins de danger dans une monarchie que dans un régime parlementaire.

M. le ministre.... — Il serait vraiment singulier que ce fût en France seulement, dans un pays démocratique qu'il fût impraticable.

Il y a même un pays, l'Italie, qui a voté une loi fixant les conditions dans lesquelles la régie pourra être établie dans les diverses communes de ce royaume. Il me semble que cet exemple d'un peuple éminemment intelligent est décisif.

Je ne veux pas insister sur les divers modes d'exploitation du gaz, comme on l'a déjà fait. Je ne veux pas d'avantage parler de l'exploitation de Bruxelles, sur laquelle on s'est étendu avec une complaisance, je crois, un peu exagérée. Mon ami M. Dron a fait une démonstration lumineuse de ce que pouvait être une régie du gaz exploitée avec méthode. La Chambre ne peut être frappée et convaincue par les arguments tout à fait probants qu'il a apportés à cette tribune.

Aussi bien, la cause est entendue, et si je suis monté à cette tribune, c'est seulement pour bien marquer que le Gouvernement ne reste nullement indifférent à la solution du problème, et pour faire un chaleureux appel à tous ceux qui entendent donner à la ville de Paris les moyens de défendre utilement ses intérêts, et qui dès lors ne sauraient se refuser à adopter le projet de loi que nous soumettons en toute confiance au vote de la Chambre. (*Applaudissements à gauche.*)

M. le président. — La parole est à M. Lepelletier.

M. Edmond Lepelletier. — Je ne reprendrai pas les arguments qui ont été apportés ici, mais je répondrai par quelques courtes observations à M. le ministre, avec lequel je suis en désaccord sur le point en discussion.

Il y a d'abord la question pour ainsi dire philosophique posée par M. le ministre, quand il a parlé du collectivisme, qui aurait surtout amené le vote du Sénat.

Il est certain que ce n'est pas là véritablement la base de la discussion ; cependant, permettez-moi, messieurs, de vous faire observer que les députés parisiens ont pour ainsi dire un mandat à soutenir dans cette question, car leurs électeurs, les habitants de Paris y sont fort intéressés, étant opposés en majorité à la régie directe. Et j'aurais mauvaise grâce, partisan de l'autonomie communale, à venir ici combattre une décision quelconque émanant du corps municipal. Mais dans la situation présente il faut bien nous rendre compte que la dernière majorité du conseil municipal a été relative, et formée surtout par des sentiments politiques dans lesquels l'idée collectiviste entre pour une part. (*Exclamations à l'extrême gauche.*)

Je vais le démontrer.

Les conseillers municipaux qui ont formé la majorité, par leur appoint, dans le dernier vote, représentent des quartiers qui, à tort ou à raison, sont plutôt imprégnés des idées collectivistes. Cela est indiscutable ; c'est d'ailleurs leur droit.

La question est assez intéressante et assez importante pour qu'on ne laisse pas la Chambre sous l'influence des paroles très pondérées, très mesurées de M. le ministre de l'intérieur, mais que j'estime d'autant plus redoutables. Elles ont produit certainement un effet plutôt fâcheux sur beaucoup de députés hésitants, surtout sur la partie de la Chambre qui se croit désintéressée dans la question parce qu'elle la juge essentiellement parisienne. (*Parlez ! parlez !*)

M. le ministre de l'intérieur a traité la question surtout au point de vue uniquement parisien ; je suis venu lui répondre sur ce point, pour protester contre cette limitation de la question, car je soutiens que si la question était purement parisienne — il n'entre pas dans ma pensée de faire un tri entre électeurs et élus et de dire que, par exemple certains élus représentent des quartiers de Paris où la consommation du gaz étant la plus forte sont plus intéressés à repousser la régie directe — mais enfin il est bien évident que s'il s'agissait d'une question exclusivement parisienne nous pourrions nous incliner devant la majorité du conseil municipal. Or je soutiens qu'il s'agit aussi d'une question d'ordre général qui intéresse les députés de tous les arrondissements de la France.

M. Gabriel Deville. — Alors M. Spronck avait tort tout à l'heure.

M. Edmond Lepelletier. — Que vous le veuilliez ou non, l'extériorité de Paris est considérable. Il est impossible dans une Chambre française de nier l'influence de Paris. Cette influence s'étend à toutes les opérations qu'il fait, grandes ou petites.

L'honorable M. Dron a essayé de démontrer que Tourcoing, qu'il administre, se trouvait admirablement du régime de la régie directe ; nous répondons, nous, les représentants du Paris consommateur de gaz, que nous redoutons cette expérience. Nous la trouvons mauvaise, dangereuse, non seulement pour nos propres finances, mais aussi parce que l'exemple de Paris serait suivi par d'autres villes et parce que nous jugeons que cet exemple, en l'espèce, est mauvais.

La régie directe est mauvaise pour Paris, mauvaise pour tout le monde ; elle est mauvaise surtout pour l'esprit national... (*Interruptions à gauche*).

Mon allégation peut être discutée, mais elle est admissible dans son principe. Je dis que l'esprit national peut se trouver faussé par l'application de la régie directe, parce que ce système va à l'encontre d'une liberté des plus utiles, la liberté d'entreprise. Mieux vous démontrerez que Tourcoing fait de bonnes affaires et plus vous répandrez l'exemple, l'usage, l'imitation des régies directes, plus vous nationaliserez le système de la municipalisation : là est le danger.

Je crains que Paris ne fasse de mauvaises affaires avec la régie directe ; mais je tremblerais davantage encore s'il en faisait de bonnes, car l'exemple de bons résultats donnés par a régie directe tendrait à multiplier l'emploi de ce système et à supprimer cette liberté d'entreprise, cette liberté d'esprit, d'initiative qui fait la force des nations industrielles et commerçantes.

L'Etat n'a déjà que trop accaparé. Il a les poudres, les salpêtres, le tabac, les manutentions, les allumettes, les postes, les télégraphes et téléphones (*Très bien ! très bien ! sur divers bancs*) ; il veut mettre la main sur les transports ; bref, l'Etat se substitue partout à l'initiative individuelle. Vous allez donner encore un mauvais exemple à toute la France en établissant la régie du gaz.

M. Edouard Vaillant. — Ce sera, au contraire, un bon exemple.

M. Edmond Lepelletier. — Ce n'est pas tout. Vous allez créer une sorte de conflit avec le Sénat et sur quel terrain ! Vous supposez que le Sénat va docilement s'incliner devant votre volonté...

M. Adrien Veber. — Devant la raison.

M. Edmond Lepelletier... — Devant les paroles et l'autorité du Gouvernement. Le Gouvernement vient de vous dire qu'il n'était pas question de collectivisme dans ce projet ; et comme la crainte du collectivisme a été un des gros arguments qui ont décidé le Sénat à se prononcer dans le sens où il l'a fait, on espère que, sur la garantie du Gouvernement, le Sénat reviendra sur son premier vote et modifiera sa manière de voir. C'est douteux.

Il serait, pour une autre raison, bien fâcheux qu'un conflit s'établit sur une question de cette nature. Nous contestons, nous, au Sénat, le droit de s'immiscer dans les affaires budgétaires du pays. La question actuelle n'est budgétaire qu'au second degré ; mais il n'en est pas moins vrai que le Sénat, en se mêlant, dans un sens ou dans un autre, de légiférer pour le gaz de la ville de Paris, a encore une fois outrepassé ses droits, qui, aux yeux de beaucoup de républicains, dont je fais partie, sont inutiles ou nuisibles.

Je désirerais donc que, pour une fois, la Chambre s'en rapportât à l'avis du Sénat et n'engageât pas avec lui un conflit sur ce terrain, qui serait tout à son avantage.

En n'engageant pas ce conflit, la Chambre écarte en même temps la question de lutte sur les idées collectivistes, sur les idées sociales dans une affaire purement industrielle. On doit, pour ainsi dire, concentrer la discussion à une opération commerciale, et se demander si, oui ou non, la ville de Paris, qui, en somme, ne fait que traiter avec un fournisseur, a besoin de tant de débats, de tant d'agitation, d'une telle production de chiffres, d'une semblable évocation des grands principes pour établir comment et à quel prix elle se procurera de la lumière, pour savoir si elle sera ou non son propre exploitant, son propre fournisseur, ou si elle traitera avec une compagnie avec des gens qui font leur métier de semblables exploitations.

Ces questions devraient être tranchées par le bon sens. Il est bien évident que si le conseil municipal était maître absolu, s'il pouvait choisir librement, dans une question pareille, sa ligne de conduite, sa voie, ses fournisseurs, ses conditions de marché, nous n'aurions rien à objecter. Mais le Gouvernement, de son autorité, prétend nous imposer un fournisseur spécial, la ville elle-même, c'est-à-dire les contribuables. Voilà toute la difficulté.

Il s'agit de savoir si l'autorité du Gouvernement est justifiée, si la tutelle qu'il exerce — un tuteur doit toujours être prudent — est bien prudente et bien prévoyante, quand il interdit à la ville de traiter avec l'industrie privée, sous prétexte qu'en exploitant elle-même elle exploitera mieux. En se prononçant pour la régie directe, le Gouvernement ne fait pas de la tutelle, mais de l'autorité.

Il prétend que c'est pour notre bien. En est-il certain ? Il table sur des éventualités. C'est un des sophismes que l'honorable M. Bron a formulés cette tribune ; il est impossible de laisser passer sans protestation cette affirmation que l'exploitation par l'Etat, par une commune, ici par la ville, est toujours supérieure à l'exploitation privée.

On a cité je ne sais quel scandale financier, je ne sais quelle catastrophe industrielle qui tenaient à des fautes individuelles et non à des fautes d'organisation de société ; ces faits accidentels laissent intact le fait général à élucider : le travail privé est-il inférieur au travail public, et les entreprises officielles doivent-elles être préférées aux entreprises particulières ?

Le travail municipal est moins bon parce qu'il est fait par des fonctionnaires ou assimilés. Tout le monde sait que quand on s'adresse à un service public, on est éconduit, ajourné, on n'a jamais satisfaction immédiate et on subit des difficultés de toute nature. Les particuliers aiment toujours mieux traiter avec d'autres particuliers. Vous savez tous ce que sont les employés, — et ici je touche une question d'organisation de travail. Je ne veux pas nuire à la considération des employés de la ville ou de l'Etat, mais il est passé à l'état de proverbe dans notre pays, proverbe justifié par les faits, que dans les ministères comme à l'administration de la ville, les bureaux constituent en général des sinécures. On n'y travaille pas comme on travaille dans les entreprises particulières. J'en appelle à tous les anciens conseillers municipaux ; ils savent qu'à l'exception des services du bureau municipal, et de quelques services spéciaux, comme la caisse municipale, si l'on va dans les divers bureaux de l'Hôtel de Ville à certaines heures, on voit des chapeaux accrochés aux patères, mais aucun employé devant les pupitres désertés. Ceux qui ne s'absentent pas flânent ou vaquent à des occupations personnelles.

D'ailleurs, où il faudrait un employé dans un service privé, on en met dix dans un service public. M. le ministre de l'intérieur, avec sa finesse et son esprit, sait bien ce qu'il en est, car son ministère, comme les autres, ressemble aux bureaux préfectoraux ; mais il est impuissant, comme ses prédécesseurs, à remédier à cette inertie bureaucratique. Il sait bien qu'il n'y a qu'une époque où l'on ait vu travailler dans les bureaux, c'est quand Robert Lindet était à la tête du ministère des finances. Il contrôlait lui-même la feuille de présence, et il envoyait cherché les employés absents ou fautifs, sous menace, en cas de récidive de les confier à Sanson. Nous ne réclamons pas ce régime exceptionnel ; mais actuellement il y a une déperdition de force et une cause de dépenses dans tout service public, en même temps qu'un laisser-aller indéniable.

La question est très importante ; elle touche aux sources mêmes de l'organisme du pays. (*Bruit à gauche*)

Nous contestons le droit et l'avantage pour la ville de Paris d'exploiter elle-même le gaz ; permettez-nous de donner différents arguments à l'appui de notre opposition.

En voici un qui se rapporte à l'exploitation ; il est intéressant. Puisque vous allez faire de la ville de Paris, des membres du conseil municipal de Paris, des commerçants, des exploitants, des marchands de coke, de houille, de lumière, de sous-produits, c'est-à-dire des négociants parisiens, il est bon d'examiner dans quelles conditions ces négociants vont opérer, vont acheter les matières et vendre ces produits, de rechercher s'ils seront suffisamment outillés, et surtout s'ils se trouveront dans de bonnes conditions pour l'exploitation, au point de vue du personnel.

Ce personnel administratif professionnel, bureaucrate traditionnel, je le connais ; il est très attaché à la République, et j'ai toujours gardé une excellente impression des rapports que j'ai eus avec lui. Au point de vue du travail, il est permis de concevoir des doutes sur son rendement, sur son aptitude et son zèle. J'interroge vos souvenirs, vos consciences et je vous demande, si oui ou non, à l'employé privé est préférable un employé salarié par l'Etat ou par la ville, sûr d'être rétribué au bout du mois, d'être malgré bien des imperfections conservé à son poste ; car on ne renvoie jamais dans les services publics un employé pour nonchalance, incapacité, défaut d'activité, retard dans l'expédition des affaires, lesquelles ne se finissent que grâce à des travaux supplémentaires. Il faut pour entraîner la révocation des fautes graves, telles que l'inconduite, l'ivrognerie. Il se fait fatalement dans l'industrie privée une sélection d'employés, et il y a assez de bras, de cerveaux disponibles, de citoyens ayant besoin de gagner leur vie, et capables de la gagner laborieusement, pour songer à avoir recours à eux, sans créer encore de nouveaux fonctionnaires, champignons bureaucratiques, — souvent vénéneux, — qui vont pousser en un clin d'œil sur votre budget.

Evidemment le travail administratif, exécuté sous le contrôle exclusif des autorités administratives, est d'un rendement moins bon que celui des employés privés. Ceux-ci donnent une somme plus grande de besogne ; ils économisent du temps, de l'argent, ils épargnent des lenteurs préjudiciables : en même temps ils répondent d'une façon plus convenable en général aux désirs du public.

Je ne crois pas émettre une assertion bien extraordinaire en disant que les employés administratifs sont moins assidus, moins serviables, malgré les circulaires très sévères de leurs chefs. Et je connais trop les traditions du ministère de l'intérieur, par exemple, pour ne pas être certain que les chefs et les sous-chefs de ce département donnent les ordres les plus précis pour inviter leur personnel à être poli, convenable envers le public.

Allez donc dans un bureau de tabac demander des timbres-poste et vous verrez si on vous répondra comme dans un bureau de poste ! Le public n'est bien servi que par le travail et l'industrie privés.

Il y a donc un intérêt à exploiter, non pas administrativement, mais par l'effort individuel et privé, et à développer l'esprit d'initiative et d'entreprise, c'est-à-dire à ne pas constituer un nouveau monopole. Nous allons de monopole en monopole, à une socialisation générale. Cela peut-être un très bon système, mais je ne crois pas la France encore mûre pour cet ordre d'accaparement. Nous n'en sommes pas encore au pharmacies municipales — nous les avons ! — ni aux boulangeries municipales — nous les aurons bientôt ! et finalement nous aurons comme au Paraguay, je crois, des surveillants munis d'une cloche qui présideront à toutes les fonctions de notre organisme physique et moral. (*Bruit*).

Voilà où nous allons fatalement. L'exemple précisément de la régie du gaz est dangereux, parce qu'il est possible et probable qu'avec le développement de la consommation d'une ville comme Paris, avec le développement des industries diverses, et de la consommation multipliée par l'abaissement du prix, ces bénéfices que vous escomptez soient suffisants pour masquer la façade et faire croire à l'excellence du régime. Vous aurez seulement démontré l'excellence des recettes de Paris.

Voilà donc le danger. Il est général, et c'est pourquoi nous nous opposerons, nous, députés de Paris... (*Protestations sur divers bancs.*)

A gauche. — Pas tous.

M. Edmond Lepelletier. — ...ceux, du moins, qui ont exposé leur opinion à la tribune, nous nous opposerons à cette régie.

Permettez-moi, messieurs, de terminer par une petite anecdote.

Au moment des élections, des candidats comparurent — bénévolement, bien entendu — devant une Assemblée composée de grands commerçants de Paris. Tous les commerces étaient représentés ; c'était M. Marguery qui présidait. (*Bruit*).

M. Adrien Veber. — Voulez-vous me permettre un mot ?

M. Edmond Lepelletier. — Vous savez que j'aime vos interruptions ; celle-ci me permettra de causer avec vous.

M. Adrien Veber. — Le restaurant de M. Marguery est-il éclairé au gaz ou à l'électricité ?

M. Edmond Lepelletier. — La question est intéressante. La réponse se trouve dans l'anecdote que j'ai commencé à vous conter ; je la termine.

Ce comité a donc interrogé les candidats, par la suite élus en plus ou moins grand nombre — ceci importe peu. Quelques années après, j'ai revu ces mêmes membres du comité de commerçants dans un des bureaux de la Chambre ; ils venaient nous supplier de combattre énergiquement la régie du gaz.

M. Adrien Veber. — Parce qu'ils n'en consommaient pas !

M. Edmond Lepelletier. — J'ai dit à ces messieurs : « Nous combattrons la régie du gaz ; mais pourquoi donc, vous tous, nous avez-vous combattus lorsque nous la repoussions dans nos programmes ? Pourquoi avez-vous voté pour les candidats qui étaient pour la régie directe ? »

Ils m'ont répondu : « Aux élections il ne s'agissait pas du gaz, mais d'une question politique. » (*Exclamations à gauche*).

Ceci résume tout le débat. Les élections à Paris n'ont pas été faites sur la question du gaz ; la population n'a pas été consultée.

M. Gustave Rouanet — Dans mon arrondissement comme dans tous les arrondissements où je suis allé pendant la période électorale, on nous a sommés de voter le projet Chamon qui a été repoussé ici, que nous avons repoussé malgré toutes les menaces et tous les chantages dont nous avons été l'objet.

M. Edmond Lepelletier. — C'est possible mais dans les élections, aussi bien dans mon quartier que dans le vôtre, la question politique l'a emporté sur la question du gaz.

M. Gustave Rouanet. — Heureusement.

M. Edmond Lepelletier. — C'est une question qui devait être, en temps électoral, maintenue dans ses justes limites. Les représentants de ces grands comités des diverses industries parisiennes devaient cependant prévoir la portée de leur choix. Leurs regrets furent tardifs. C'est que, non seulement le gaz, mais l'électricité les préoccupe aujourd'hui.

Quant à l'électricité, c'est précisément parce qu'elle a fait des progrès considérables que le gros commerce parisien, que les grands industriels qui emploient beaucoup de luminaire, et contribuent à donner à Paris son éclat, redoutent, en voyant la régie directe s'établir pour le gaz, que bientôt on ne la propose pour l'électricité.

Avant peu — en 1907, je crois — les traités viennent à expiration. Alors que se passera-t-il ? C'est qu'après la régie pour le gaz, vous serez amenés à voter la régie pour l'électricité. Voilà ce que ne veulent pas les commerçants de Paris et ceux qui s'occupent de ces questions techniques et financières pour l'éclairage de Paris.

Si l'industrie de la lumière électrique est menacée d'être bientôt soumise à la régie, il est évident que tous ceux qui veulent réaliser des progrès, soit dans l'éclairage, soit dans la transmission de la force par l'électricité, tous les inventeurs qui ont des projets, des idées en réserve, se diront : A quoi bon travailler ? Pourquoi proposer des projets qui abaisseraient le prix de la lumière et de la force électrique, pourquoi réaliser des conceptions avantageuses nouvelles, qui amèneraient, par la concurrence, des diminutions sensibles dans le prix de la force électrique, puisque le siège est fait ? On a eu la régie directe pour le gaz, on aura la régie directe pour l'électricité. Il n'y a rien à faire, rien à espérer !

Voilà le danger. Ce ne sont pas seulement les gros commerçants qui s'inquiètent et qui protestent. Le petit commerce, que je représente plus particulièrement, et dont je connais bien les intérêts, les besoins, les luttes quotidiennes et les difficultés d'existence, vous supplie, par ma voix, de ne pas voter la régie directe, de ne pas augmenter la plaie du fonctionnarisme, de ne pas grever l'avenir de Paris de charges nouvelles qu'on ne peut prévoir et qui certainement dépasseront les prévisions les plus pessimistes. (*Très bien ! très bien ! sur divers bancs.*)

M. le Président. — Personne ne demande plus la parole dans la discussion générale ?...

La discussion générale est close.

Loi des Justices de Paix

La législature de 1902-1906 aura fait aboutir plusieurs lois populaires. Parmi celles-ci il convient de faire figurer la réforme des Justices de Paix, à laquelle M. Edmond Lepelletier, avec sa compétence indiscutable, ayant exercé pendant 11 ans, cette magistrature démocratique a pris une part des plus actives. Il a reçu, à plusieurs reprises, les félicitations de l'honorable M. Cruppi, rapporteur de la loi.

Il peut donc être considéré comme l'un des auteurs de cette loi, dont les bienfaits sont évidents, et qui est un commencement de la réforme judiciaire complète, et de la révision du Code de procédure civile, qui fait partie de son programme.

Depuis de longues années, on réclamait une modification à la loi sur les justices de paix, notamment en ce qui concernait l'extension de la compétence. Dès 1878, un projet en ce sens avait été déposé par MM. Charles Floquet et Parent. Par la suite, le gouvernement, à plusieurs reprises, présenta des projets qui n'aboutirent point. Enfin le Sénat vota, le 24 mars 1905 un texte qui, adopté sans modifications par la Chambre, est devenu la loi nouvelle.

Le grand principe de la loi, son bienfait essentiel, c'est l'extension de la compétence des juges de paix, en matière civile. Les juges de paix étaient jusqu'ici seulement compétents jusqu'à 100 fr. en dernier ressort, et 200 fr. à charge d'appel Ils connaîtront désormais des procès jusqu'à la valeur de 300 fr. en dernier ressort, jusqu'à 600 fr. à charge d'appel.

On pouvait être partisan d'une compétence encore plus étendue, mais on se heurtait à des résistances politiques et locales. L'augmentation de la compétence se justifie par la diminution de la valeur de l'argent, l'importance surélevée des salaires, des transactions, des prix et des gains, la cherté des instances devant les tribunaux civils. Ces arguments en faveur de l'extension de la compétence pouvaient s'appliquer à une extension plus forte que celle qui a été adoptée. Mais on inquiétait des intérêts considérables. La juridiction de paix embrassant un nombre encore plus considérable de procès, si on avait porté la compétence au delà de 300 francs en dernier ressort, diminuait d'autant les affaires destinées à être soumises aux tribunaux d'arrondissement. Certains de ces tribunaux ne jugent qu'un nombre restreint d'affaires par an. La compétence étendue actuelle va leur en enlever une bonne part : avec une extension plus large, ces tribunaux, devenus à peu près inutiles, étaient appelés à disparaître. L'organe s'atrophie et meurt quand la fonction se ralentit, puis cesse. Le rapporteur du Sénat n'a pas dissimulé la raison pour laquelle tous les projets précédents sur les justices de paix n'avaient pu aboutir : c'est qu'ils menaçaient les tribunaux d'arrondissement, c'est-à-dire la vie locale des chefs-lieux où ils siègent.: « A côté du tribunal, a dit M. Jules Godin, il y a aussi tout l'ensemble des officiers ministériels et des autres facteurs qui contribuent à l'organisation même de la justice. Dans ces conditions, il est incontestable que si des tribunaux qui n'ont déjà qu'une existence presque apparente, viennent à n'avoir plus d'affaires du tout à juger, la question se posera de leur suppression complète et absolue. C'était là la grande cause, la cause effective des échecs que nous constatons dans les délibérations des projets sur l'extension de la compétence des juges de paix. »

Cet aveu prouve que l'on a bien fait de limiter aux chiffres ci-dessus la compétence nouvelle. Demander davantage, c'était s'exposer une fois de plus à une fin de non-recevoir.

Il faut que l'apprentissage de la loi se fasse, et surtout qu'on recrute un personnel judiciaire susceptible de fonctionner avec une compétence qui, en multipliant les affaires, en étendant le cercle de la juridiction, accroîtra certainement les dificultés juridiques.

Le juge de paix n'est plus du tout le brave homme, s'inspirant de sa conscience pour concilier des gens en désaccord, mais peu résolus à plaider, que Thouret a décrit à la tribune de la Convention, lorsque furent instituées les justices de paix. Dans l'état actuel, le juge de paix est un juge, et un juge qui rend beaucoup de jugements, dans des conditions souvent embarrassantes. La conciliation, surtout avec l'extension, n'est qu'un accessoire de sa fonction, comme les scellés, les présidences de conseils de famille, les commissions rogatoires.

On a, de plus, surchargé les juges de paix d'attributions nouvelles. La loi sur les accidents du travail est un accroissement considérable de besogne et de difficultés. A cette augmentation des attributions et du travail devait correspondre une extension de la capacité. La loi contient bien une série de bonnes dispositions en ce sens, et les conditions de recrutement sont généralement bonnes, notamment en ce qui concerne l'exigence soit d'un diplôme, soit de la pratique dans une étude d'avoué, de notaire ou dans un greffe.

Malheureusement, l'esprit électoral, la préoccupation de s'assurer des points d'appui dans le prétoire, dont M. Maurice Faure s'est fait l'interprète au Sénat, ont introduit la politique dans le personnel des justices de paix. L'addition déplorable du Sénat ouvre toutes grandes les portes de la pacifique justice aux aux turbulents mandataires politiques. On a permis de nommer juges de paix des conseillers généraux, des maires et des adjoints, sous le prétexte que le suffrage universel conférait à ses élus toutes les capacités. Ces hommes, honorables et bien disposés, supposons-les tels, du moins pourront-ils suppléer par une élection heureuse, due à des succès de réunion publiques ou à des intrigues locales, parfois à une influence territoriale ou généreuse, aux éléments d'instruction qui leur manquent ? Une écharpe, pour le justiciable qui a besoin d'être jugé, remplace-t-elle un diplôme ? Ces élus municipaux et cantonaux auront nécessairement leurs amis et leurs adversaires dans l'ordre des partis. N'est-il pas à craindre qu'ils ne s'en souviennent sur le siège ? Au besoin, à la veille d'un jugement à rendre, les comités leur signaleraient de quel côté doit pencher la balance de Thémis.

L'esprit de la loi se trouve ainsi méconnu et sa portée est faussée. Le juge de paix, avec sa compétence étendue, devenait de plus en plus un magistrat comme les autres. J'avais même demandé qu'il bénéficiat, lui, le juge des pauvres, de l'inamovibilité accordée au juge des riches. En permettant de confier la justice à un brave homme ignorant, parfois illettré, vous reculez l'assimilation, vous ramenez le juge de paix au rang de magistrat inférieur. En outre, avec les maires de campagne bombardés juges, vous multipliez les causes d'appel, vous provoquez les récriminations contre les décisions définitives. Enfin, on écarte, pour faire place à des candidats politiques, les candidatures intéressantes de jeunes gens, trop peu fortunés pour acquérir une étude, mais qui possèdent l'expérience des lois et la pratique des affaires. Heureusement, la loi est revisable. Telle qu'elle est, il la faut accepter comme avantageuse. Elle diminue les frais de justice pour les petits procès, qui sont les plus nombreux. Elle donne à la juridiction sans avoués et sans procédure continue et compliquée des litiges qui exigeaient tout l'apparât judiciaire des tribunaux civils. C'est une étape vers la réforme judiciaire complète.

La loi votée par la Chambre, fut adoptée par le Sénat avec modification. Elle revint donc devant la Chambre.

Dans la première séance du mardi 27 juin 1905, l'urgence fut déclarée, et la discussion générale fut ouverte.

Après M. Louis Martin, déclarant qu'il voterait la loi sans hésitation, sans demander de modification aucune, afin qu'elle ne retournât plus devant l'autre Assemblée, et qu'elle fût désormais acquise.

M. Edmond Lepelletier, intervint en ces termes :

1re Séance du 27 Juin 1905

(Extrait du *Journal Officiel* du 28 juin 1905).

M. le Président. — La parole est à M. Lepelletier.

M. Edmond Lepelletier. — Je ne veux pas faire d'obstruction à la loi ; mais il me paraît indispensable de ne pas ratifier l'intéressant travail de la Chambre sénatoriale sans l'accompagner de quelques restrictions, ne fût-ce qu'à titre d'indication pour l'avenir, car si toutes les lois sont perfectibles, celle-ci me paraît essentiellement revisable. Il y a d'abord un point tout spécial sur lequel il faudra revenir, le Sénat l'ayant ajourné ; je veux parler de la compétence pénale dont la disjonction a été prononcée. Ce n'est pas le rejet, c'est l'ajournement, le renvoi à une discussion ultérieure.

Nous ne ferons aucune difficulté sur ce point et nous n'entendons pas faire obstacle au vote de la loi. Mais il y a différents points de détails à signaler.

M. Louis Martin a fait plutôt l'éloge du travail du Sénat et a montré les innovations heureuses que cette Assemblée avait introduites. Il en est une qu'il n'a pas mentionnée, c'est celle qui donne aux juges de paix la distribution des sommes saisies formant une contribution.

Vous savez que la contribution judiciaire est un des engrenages les plus pernicieux de notre système de procédure. On l'a un peu limé, adouci, et il faut espérer que plus tard on perfectionnera la contribution judiciaire en matière supérieure à 600 fr.

Le Sénat a fait des suppressions qui ne sont pas toujours aussi heureuses. Il a aussi réduit la compétence des juges de paix en dernier ressort pour les contestations à l'occasion des correspondances et objets recommandés, et en même temps pour les valeurs déclarées grevées ou non de remboursements.

Il a eu tort, à mon avis, de rejeter l'article qui donnait la compétence aux juges de paix quant à l'appréciation des demandes en résiliation des baux fondées dans les limites de la compétence, sur l'inexécution des clauses et conditions du bail. Il y a des baux de fort peu d'importance. Locataires et propriétaires seront obligés d'aller plaider devant la juridiction coûteuse des tribunaux civils alors que la justice de paix eût été très suffisante.

Mais ce sont là des points secondaires, tandis qu'il y a une question primordiale sur laquelle nous devons faire des restrictions. M. le rapporteur l'a très bien indiquée, mais désireux comme nous tous de voir aboutir cette loi depuis si longtemps étudiée, et sans cesse retardée, il n'a pas insisté. Il est évident qu'il y a des dispositions concernant le recrutement du personnel, l'admissibilité aux fonctions de juges de paix, contraires à l'esprit de la loi. Ce que la Chambre a voulu et qui est conforme à l'esprit scientifique et aux obligations d'examen qui sont la règle partout aujourd'hui pour les emplois, c'est que les juges de paix soient surtout recrutés parmi un personnel plus compétent, plus capable, plus instruit, à même de statuer au besoin, sur des contestations difficiles.

Assez souvent sont soulevés dans de modestes prétoires de justice de paix des points de droit complexes. Le juge de paix ne se borne pas à concilier. Il est devenu surtout un juge tranchant des litiges en premier et en dernier ressort. Grâce à la complaisance de magistrats pour la juridiction du tribunal civil, le rôle du juge de paix comme conciliateur n'existe presque pas. Ce n'est plus la tradition de Thouret et de la Révolution française : le juge de paix, homme vertueux, apaisant les divisions en faisant s'accorder les parties.

Ceux qui ne connaissent pas le mécanisme judiciaire supposent que la conciliation est la principale attribution des juges de paix, et qu'il est toujours appliqué l'article 48 du Code de procédure civile en vertu duquel toute demande introductive d'instance civile doit être précédée d'une tentative de rapprochement entre les parties.

Dans la pratique cela est inexact. Les avoués s'arrangent pour arracher au président du tribunal une ordonnance sur requête — il en signe deux cents peut-être à certains jours d'audience à Paris — permettant d'assigner à bref délai. Cette autorisation qui supprime le préliminaire de conciliation devrait être réservée pour les cas très urgents et encore dans bien des cas réclamant célérité, on pourrait recourir au référé. Cette assignation à bref délai devrait disparaître de nos codes sauf cas tout à fait exceptionnels. Au contraire, dans la pratique, on ne se sert que de cette procédure.

M. Louis Puech. — C'est une appréciation très discutable.

M. Louis Martin. — Je la crois, au contraire, mon cher collègue, absolument juste. Ce qui devrait être l'exception est devenu la règle.

M. Edmond Lepelletier. — Si vous le désirez, j'établirai par des chiffres très exacts que le tribunal de la Seine rend tous les jours une moyenne très forte d'ordonnances permettant d'assigner à bref délai dans des instances qui concernent le plus souvent de petites fournitures, de petites sommes, affaires qui pourraient très bien être conciliées et terminées devant le juge de paix, sans aller au tribunal civil, sans la présence des avoués et des autres corbeaux qui assaillent les prétoires.

Mais laissons cette question qui est à traiter dans la reprise générale de notre nouvelle procédure. Remarquons seulement que le juge de paix n'occupe pas une sinécure et que sa tâche juridique est souvent ardue. Il remplit sa mission de son mieux, mais il peut être appelé à trancher des difficultés de droit de quelque importance. Par conséquent la capacité juridique doit être la base du recrutement du juge de paix. Ce n'est plus l'homme des champs jugeant dans la sincérité de son cœur et la loyauté de son esprit, comme on l'a dépeint, mais le magistrat ayant à discerner et à prononcer le bon droit ; le pauvre plaideur n'a pas souvent les moyens de payer un avocat ou un homme d'affaires habile ; le juge doit donc suppléer à l'insuffisance de la défense, précisément parce que c'est la justice du pauvre. Il faut qu'il soit capable de remplir ce rôle ; et s'il était possible de renverser la hiérarchie sociale et de donner des émoluments en raison de l'importance des services rendus, les conseillers à la cour de cassation ne devraient pas être les mieux payés, ce devraient être les juges de paix.

Le conseiller à la cour de cassation est un homme arrivé au terme de sa carrière, un savant qui fait pour ainsi dire de l'art judiciaire, tandis que le juge de paix est occupé, surtout avec les nouvelles lois, à des tâches multiples et souvent délicates, il est appelé à suppléer à l'insuffisance juridique du plaideur trop pauvre pour charger un homme compétent, capable de présenter à la barre ses moyens de défense et de citer les textes lui donnant raison. Si le juge de paix n'est pas là pour rétablir l'équilibre, pour faire valoir des moyens de droit qui échapperont à ce malheureux plaideur, celui-ci succombera faute d'avoir connu la loi et d'en avoir invoqué les armes.

Je ne veux pas dire qu'il faudrait imposer un défenseur à la justice de paix, mais il est bien évident que l'homme, qui n'est pas assisté doit trouver un protecteur dans le juge. Or pour qu'il puisse défendre l'homme qui ayant le bon droit pour lui est incapable de le faire valoir, pour qu'il sache écarter la poursuite injuste ou illégale et sauvegarder l'honorable citoyen persécuté injustement, l'innocent, il faut que ce chevalier du droit soit un peu armé. Si vous le recrutez dans de mauvaises conditions, dans des conditions parfaites d'honorabilité, c'est entendu, mais dans de mauvaises conditions d'expérience, de pratique des affaires contentieuses, par suite d'inaptitude juridique et d'ignorance pénale, vous aurez une justice de paix imparfaite et les intérêts des plaideurs seront compromis.

C'est pourquoi nous avons exprimé ici à plusieurs reprises l'avis que les fonctions de juge de paix devraient constituer une véritable carrière. Le recrutement n'est pas très facile, sans doute. Il y a cependant des éléments.

Tant que les charges ministérielles existeront, tant qu'elles seront le privilège de la classe bourgeoise, tant qu'il faudra avoir des écus, beaucoup d'écus pour devenir officier ministériel, cette carrière, ces fonctions de notaire, d'avoué, d'huissier, de greffier, de commissaire-priseur seront fermées aux jeunes gens pauvres. Or, avec le niveau intellectuel de plus en plus élevé, avec la diffusion du savoir, il est bien évident que nous trouverons de plus en plus des jeunes gens sans fortune, capables de remplir ces fonctions, mais ne pouvant pas y accéder.

Ces jeunes gens, instruits en droit, expérimentés, ayant souvent une précoce maturité, pourront faire d'excellents juges de paix. Voilà comment il faut recruter les juges de paix. Il ne faut pas les mettre en concurrence avec les personnages politiques qui auront plus facilement l'oreille et l'accès de ceux qui nomment à ces emplois.

Cela est fâcheux ; je le dis à titre d'indication et seulement pour l'avenir, car je ne veux pas retarder le vote de la loi pour cette raison critiquable que le Sénat a admis les conseillers généraux parmi les candidats aptes à remplir les fonctions de juge de paix : c'est profondément regrettable : c'est le recrutement politique des candidats aux justices de paix.

Voici à peu près toutes nos réserves, elles sont très minimes. Plus tard on reprendra cette loi certainement, mais elle constitue dès à présent un grand progrès : c'est une première marche et nous arriverons, grâce à l'augmentation de la compétence, non pas à supprimer entièrement, mais à modifier, à restreindre le nombre des tribunaux d'arrondissement, en augmentant par la suite encore, la compétence des juges de paix, en augmentant leurs émoluments et aussi leurs conditions de capacité.

Un dernier point que nous retrouverons plus tard — car il est réservé pour l'instant — c'est celui du caractère d'inamovibilité. Il est injuste que les juges de paix ne soient pas traités comme les autres magistrats. Ils ne devraient pas différer des autres juges sur ce point, qui garantit l'indépendance. Vous en faites des magistrats, par conséquents ils peuvent avoir droit à cette protection suprême de la loi qui s'appelle le caractère d'inamovibilité. Plus que tout autre, le juge de paix est soumis à des contrôles souvent politiques ; il tremble devant le procureur de la République de l'arrondissement ; il peut donc se trouver dominé par des considérations étrangères au droit et à la justice qui souvent l'empêchent de remplir avec liberté, avec impartialité, sa fonction.

Dans l'avenir, nous reprendrons la loi et nous inscrirons à son frontispice le caractère de l'inamovilité.

Il n'est pas juste que le juge des riches soit pourvu d'un privilège lui donnant l'indépendance vis-à-vis du pouvoir politique et que le juge des pauvres soit déplaçable et révocable à merci.

Vous avez exigé des conditions excellentes, des précautions qui auparavant n'étaient jamais remplies, pour éviter les révocations clandestines, les destitutions et les diminutions sans explications, sans garanties, presque sans examen.

J'espère que M. le garde des sceaux tiendra la main à ce que dorénavant on applique la loi pour la révocation et la destitution des juges de paix ; mais en attendant, en dehors des garanties que peut nous offrir un garde des sceaux tel que l'honorable M. Chaumié, je désirerais que la loi inscrivît le principe du caractère inamovible des juges de paix. (*Très bien ! très bien !*).

Les Oppositions sur les Employés et les petits Commerçants

Au cours de la discussion, j'ai soutenu un amendement, sous forme d'article additionnel. Il s'agissait de remédier aux abus de la saisie-arrêt, qui peut paralyser le crédit, et qui, en interceptant brusquement les recettes, les appointements d'un débiteur, très souvent pour une somme bien supérieure à celle dont il est redevable, est une cause fréquente de faillite, pour les commerçants, de ruine, et de renvoi pour les employés.

On remarquera que l'éminent rapporteur de la loi, M. Cruppi, tout en repoussant cet article, a reconnu qu'il était « intéressant et humain ». L'argument qu'il a donné et qui a emporté le vote de la Chambre, est plus apparent que réel. Il suppose une connivence entre le débiteur et le tiers-saisi, bien rare dans la pratique, et absolument impossible quand il s'agit d'oppositions pratiquées dans les banques, dans les administrations, entre les mains de Sociétés, ou pour des sommes non encore exigibles.

Séance du 18 Juin 1903

(Extrait du *Journal Officiel* du 19 Juin 1903).

M. le président. — Le paragraphe additionnel proposé par M. Lepelletier est ainsi conçu :

« Toute saisie arrêt pratiquée, soit en vertu de titres authentiques ou privés, dans les termes de l'article 557 du code de procédure civile, soit par permission du juge, conformément à l'article 558 du code de procédure civile et à l'article 14 de la présente loi, dans la limite de la compétence, ne pourra être signifiée au tiers saisi avant d'avoir été précédée d'une tentative de conciliation ou d'arrangement amiable devant le juge de paix du domicile du saisi.

« Le créancier, sans attendre l'exploit de dénonciation, devra, dans cette comparution, en conciliation, faire connaître le nombre des oppositions qu'il compte pratiquer et désigner les tiers saisis afin de permettre au débiteur de produire ses dires et contestations.

« L'évaluation des frais et accessoires n'entrera pas dans le montant de la créance pour détermination de la compétence.

« Le juge de paix pourra, dans la limite de sa compétence, accorder, à titre alimentaire, une réduction de la somme saisie.

« L'article 566 du code de procédure civile est abrogé. »

La parole est à M. Lepelletier.

M. Edmond Lepelletier. — Cet article additionnel a pour but de remédier autant que possible aux abus que présente dans la pratique la procédure de saisie-arrêt. Je demande que, dans la limite de la compétence, c'est-à-dire lorsqu'il ne s'agira pas de sommes supérieures à la compétence que vous avez fixée par la loi, aucune saisie-arrêt ne puisse être faite sans avoir été précédée d'une tentative de conciliation.

Vous savez que la loi a sagement mis au début de toute instance l'obligation pour celui qui veut traîner un débiteur devant les tribunaux civils, de se présenter devant le juge de paix et de tenter d'abord ce qu'on appelle le préliminaire de conciliation. Il est établi par l'article 48 du code de procédure civile. Très souvent, malheureusement surtout dans les grandes villes, le président du tribunal dispense les créanciers de cette formalité. C'est un grand tort ; mais enfin la loi autorise le président à dispenser du préliminaire de conciliation sous le prétexte d'urgence. Nous n'avons pas à examiner cette réforme qui viendra ultérieurement avec les autres, quand nous renverserons le vieil édifice du code de procédure civile. Mais pour le moment je demande que la mission du juge de paix, qui est avant tout conciliatrice, s'exerce en matière de saisie-arrêt. C'est là surtout qu'il est besoin de conciliation.

La saisie-arrêt, telle qu'elle est pratiquée, est abusive, je le disais l'autre jour dans la discussion générale ; c'est une procédure sournoise et des plus extensibles : le créancier s'en sert comme si la permission qu'on lui avait donnée était en quelque sorte élastique. Ainsi, soit en vertu d'un titre, soit en vertu d'une permission du juge, bien qu'il n'ait qu'une créance de 1,000 fr. à recouvrer, il peut frapper dans dix, vingt, trente, quarante mains, pour cette somme de 1,000 francs.

Des abus considérables de cette sorte se pratiquent tous les jours. Très souvent la malveillance ou l'irritation du créancier, qui cherche à nuire à son débiteur, n'y est pas étrangère. Tout cela s'apaiserait devant le juge de paix.

J'insiste donc pour que ce principe de la conciliation, que le législateur a sagement mis au début de toute poursuite, soit appliqué à la saisie-arrêt, qui est une poursuite prêtant éminemment à la conciliation. (*Très bien ! Très bien !*)

M. le rapporteur. — Je ne crois pas qu'il soit possible d'accepter le très intéressant amendement de M. Lepelletier. En effet, nous serions vraiment à l'égard du débiteur d'une bienveillance un peu excessive si nous l'adoptions.

Que se passerait-il en effet ? Si j'avais l'intention de former une saisie-arrêt, je devrais tout d'abord me rencontrer en conciliation avec mon débiteur et le prévenir de mes intentions. Je lui dirais : je vais saisir-arrêter entre les mains d'un tel les sommes qu'il vous doit. Sur cet avis, mon débiteur ne manquerait pas d'aller trouver le sien et de lui dire : Libérez-vous bien vite entre mes mains : je causerai ensuite avec mon créancier de l'opposition qu'il veut faire. (*On rit*).

Il me semble impossible pour ce motif décisif, d'accepter l'amendement si humain d'ailleurs, de M. Lepelletier. (*Très bien ! très bien !*)

M. Edmond Lepelletier. — Je maintiens mon amendement parce qu'il y a là une question de justice sociale, d'humanité et de défense des faibles et des petits contre des créanciers qui sont souvent fort peu intéressants, qui sont des cessionnaires poussés par des hommes d'affaires.

Je demande à la Chambre d'adopter mon amendement.

M. le président. — Je mets aux voix le paragraphe additionnel de M. Lepelletier.

(Ce paragraphe additionnel, mis aux voix, n'est pas adopté.)

La Peine de Mort

Publicité des Exécutions Capitales

La peine de mort supprimée de fait à Paris

La peine de mort est un des plus graves problèmes législatifs, sociales et philosophiques.

Depuis longtemps la discussion est ouverte sur l'utilité du maintien de la peine capitale dans nos lois. Des esprits éminents, des philosophes et des poètes célèbres ont réclamé l'abolition de la peine de mort. On a sur ce sujet des livres et des discours magnifiques de Victor Hugo, de Louis Blanc, de Schuider etc.

Une boutade spirituelle d'Alphonse Karr a longtemps réfuté toutes les déclarations humanitaires :

« Je veux bien supprimer la peine de mort, disait l'ironique rédacteur des *Guêpes* (n° de janvier 1849), j'attends même impatiemment sa suppression, mais je demande que messieurs les assassins commencent... »

De nos jours, tout en ayant perdu beaucoup de son intérêt passionnant, la peine de mort préoccupe cependant législateurs et publicistes. Les partisans de l'abolition n'osant peut-être pas, en présence de la recrudescence inquiétante de la criminalité, réclamer directement la suppression de la suprême pénalité, ont eu recours à un moyen indirect. Ils demandent la suppression des exécutions publiques en invoquant des désordres et des scandales qui se produisent autour de la guillotine.

Faisons remarquer que ces cris et ces chants déshonnêtes et sinistres retentissant les nuits d'exécution, aux alentours de la Roquette, avaient pour cause principale l'éloignement des cyniques badauds. Ils se vengeaient de ne rien voir du spectacle ; étant refoulés par les barrages d'agents, dans les rues adjacentes, ils poussaient des hurlements et vociféraient des refrains d'argot. Il est à présumer que l'annonce d'une exécution dans l'intérieur d'une prison rassemblerait les mêmes hordes sinistres, et que les mêmes clameurs se reproduiraient devant la muraille derrière laquelle s'accomplirait l'acte légal. Quant aux fêtards, qui, dit-on, viennent, comme les romains de la décadence au cirque, se repaître de la vue du sang, il y a exagération. La police ne laisse passer et approcher que les membres de la presse, des personnalités notoires, et il est facile de faire rebrousser chemin aux soupeurs et à leurs compagnes venus, comme à un musée des horreurs, assister à la décapitation d'un condamné!

J'ai assisté à plusieurs exécutions, et au contraire j'ai toujours trouvé un public recueilli, impressionné, autour de l'appareil des lois. Un grand silence s'établit, et chacun se découvre, quand les portes de la prison s'ouvrent, et que, dans la clarté livide du matin, le condamné, hésitant, chancelant, entravé, apparaît. Le spectacle est impressionnant et d'une majesté terrible.

Supprimer la publicité c'est supprimer l'exécution; or, la peine de mort a pour objet, non pas tant pas la punition par le talion de celui qui a tué, que l'effroi à répandre parmi ceux qui seraient disposés à tuer. Si la peine de mort n'avait comme justification que la mise hors d'état de nuire d'un homme dangereux, elle pourrait disparaître, sans grand inconvénient, car la société n'a pas à se venger, le vieux mot de vindicte publique est excessif et inutile. On pourrait trouver des moyens de coercition et d'isolement suffisants pour le châtiment du coupable et pour la protection sociale.

La peine de mort a contre elle l'unique et impressionnant argument de l'erreur judiciaire toujours possible. Etant une peine irréparable, elle ne doit être appliquée qu'avec circonspection et certitude.

Mais tant qu'elle existe dans mes lois, tant qu'elle est réputée utile pour prévenir le crime, il semble qu'elle doive être appliquée.

Où et comment? On réclame l'exécution dans l'intérieur des prisons. Un projet de loi voté par le Sénat, et dont M. Castillard député de l'Aube, était le rapporteur, devant être soumis à la délibération de la Chambre, j'étais inscrit pour parler contre. Cette discussion, pourtant importante, n'est pas venue à l'ordre du jour. Ce sera pour la législation prochaine.

En attenant, on n'exécute plus à Paris, sous le prétexte qu'il n'y a pas d'emplacement désigné pour cette tragique besogne; depuis la démolition de la Roquette, en effet, le bourreau se croise les bras, et la guillotine est en état de vagabondage.

Depuis Carrara et Peugniez, c'est-à-dire depuis plus de six ans, on n'a pas executé à Paris. Ce ne sont cependant pas les criminels qui ont fait défaut. A aucune époque il ne s'est commis autant d'assassinats. N'est-on pas fondé à attribuer à la clémence présidentielle, annulant les arrêts criminels de la cour d'assise et les verdicts du jury, et à la persuation où sont les meurtriers qu'on ne les enverra pas à la guillotine, cette inquiétante prospérité de la criminalité.

Doit-on, — avec ou sans la publicité des exécutions capitales, — continuer à propager une espèce d'impunité relative parmi les classes dangereuses, sous le prétexte qu'il n'a pas été désigné, depuis la démolition de la Roquette, d'emplacement pour les exécutions.

C'est dans cet ordre d'idées que j'ai écrit au ministre de la justice, alors M. Chaumié, pour lui demander de fixer un jour afin de discuter la question, importante pour la population parisienne, d'un emplacement à désigner pour les exécutions. Il était possible que le parlement supprimât, soit la publicité, soit la peine capitale elle-même, mais il ne pouvait dépendre d'une sorte d'indifférence administrative que la peine de mort fut en fait inapplicable à Paris faute d'un endroit désigné, alors qu'on continuait, en province, à donner aux verdicts des jurys et aux arrêts des cours d'assises, la sanction légale.

J'écrivais donc à M. Chaumié, pour le questionner sur ce point, la lettre suivante:

Monsieur le Garde des Sceaux, Ministre de la Justice.

Depuis quelque temps les attaques à main armée se multiplient dans Paris et sa banlieue, malgré le zèle des agents, souvent victimes de leurs courage, malgré la vigilance, de M. le préfet de police et de ses subordonnés.

En dehors des causes générales, permanentes et pour ainsi dire endémiques de la criminalité, aucun fait accidentel, aucune crise, aucun évènement anormal, ne sauraient expliquer cette recrudescence meurtrière. Il est permis d'attribuer l'audace croissante des malfaiteurs et la facilité inquiétante avec laquelle ils attentent à la vie des personnes, à un sentiment nouveau d'impunité relative. Ils se croient, en ce moment, à l'abri du seul châtiment qu'ils redoutent : la peine de mort.

Ils se sentent rassurés parce qu'il n'y a pas eu, depuis la démolition de la Roquette, d'exécution capitale à Paris. Peut-être supposent-ils qu'il n'y en aura plus désormais. L'absence d'emplacement où dresser la guillotine leur donne cette sécurité et les rend plus intrépides. Ils s'aperçoivent qu'on remet de jour en jour la désignation du lieu des exécutions. « C'est donc qu'on n'exécutera plus ! » se disent-ils.

Il est impossible d'admettre, cependant, que tant que la peine de mort est maintenue dans nos lois, son application dépende d'une décision de voirie. Un vote solennel des deux Chambres peut démolir la guillotine, l'indifférence administrative ne saurait la tenir au rancart.

J'aurai donc l'honneur de vous demander, à l'une des séances que la Chambre fixera, d'accord avec vous, quelles mesures vous comptez prendre pour assurer à Paris la sanction des verdicts du Jury de la Seine et des arrêts de la cour d'assises prononçant l'application des articles 7 et 12 du Code Pénal, toujours en vigueur. »

EDMOND LEPELLETIER, député.

Comme aucun emplacement n'était encore désigné pour les exécutions, tous les habitants des divers endroits proposés protestèrent contre la désignation de leur quartier, j'émettais l'avis que l'on choisit le quai de l'Horloge, devant la porte de la Conciergerie, pouvant être affectée, comme l'ancienne Roquette, au dépôt des condamnés à mort.

« Le voisinage immédiat, disais-je, de la Maison de Justice, d'où le condamné serait extrait sans un parcours pénible, nécessitant une surveillance importante, la proximité du Palais de Justice donnant au lieu d'expiation un haut caractère de sanction judiciaire et de solennité légale, l'absence d'habitations particulières, de maisons de commerce dans le voisinage, la facilité de barrer l'accès des deux côtés du quai et au besoin du Pont-Neuf et du pont au Change ; enfin, le principe de la publicité respecté, bien que la foule soit tenue au large de l'autre côté de la Seine justifient le choix de cet emplacement.

Je demandais que ma question fut jointe à l'ordre du jour du rapport de M. Castillard sur la loi adoptée par le Sénat et relative à la suppression de la publicité des exécutions capitales.

La discussion ne devait pas venir et le rapport de M. Castillard, ainsi que la décision à prendre sur la publicité des exécutions, se trouvent renvoyés à la législation nouvelle

Cependant lors de la discussion de la loi de finances, au budget du ministère de la justice, le 9 novembre 1905, M. Messimy, député du XIVe arrondissement de Paris demanda la mise à l'ordre du jour de la non-publicité des exécutions. C'est en effet, rue Messier, dans le quartier de la Santé, que représente M. Messimy, qu'on avait proposé de fixer l'emplacement des exécutions publiques. Les habitants de la rue indiquée auraient d'ailleurs protesté.

M. Messimy en demandant la mise à l'ordre du jour du rapport Castillard, ajoutait qu'on pourrait alors discuter utilement d'abord si la peine de mort devait être supprimée. Il espérait que la Chambre serait de son avis. Il ajoutait que si l'on en décidait autrement, si l'on jugeait que la publicité devait être maintenue, il demanderait que les exécutions eussent lieu sur la principale de Paris, la place de l'Opéra.

M. Chaumié, garde des sceaux, ministre la justice, répondit qu'il était partisan de la suppression de la publicité, et qu'il demandait à la Chambre de fixer une date pour la discussion d'intervenir alors dans le débat.

2e Séance du Jeudi 9 Novembre 1905

Extrait du compte-rendu analytique de la séance

M. Edmond Lepelletier. — J'appuie la motion de M. Messimy, d'autant plus que les paroles de M. le ministre répondent à une préoccupation de la population parisienne.

Il est permis d'avoir telle ou telle opinion sur la nécessité des exécutions capitales ou de leur publicité ; mais il n'est pas permis au Gouvernement de laisser tomber en désuétude les articles du code pénal relatifs à la peine de mort, sous prétexte que à la suite de travaux d'édilité la guillotine à Paris est en état de vagabondage (Sourires.) On le sait, et on en profite, dans ces bouges redoutables où les crimes se préparent, et les crimes deviennent si fréquents que des imaginations affolées en exagèrent encore le nombre (Sourires.)

La réalité toutefois n'est pas niable : il y a quelques jours à peine, je suivais le convoi d'un agent victime des apaches. Or, un fait est certain : une seule peine fait trembler les assassins et rentrer les couteaux dans les poches, c'est la peine de mort. (Exclamations et bruit sur divers bancs à gauche.

M. Paul Constans. — C'est une terrible erreur.

M. Edmond Lepelletier. — Pourtant je n'ai vu jusqu'ici la suppression de la peine capitale inscrite sur aucun programme.

Quoi qu'il en soit, assez de Parisiens circulant le soir sont intéressés à la question pour qu'un emplacement soit enfin assigné à la guillotine. J'en ai proposé un, le quai de l'Horloge entre le pont au Change et le Pont-Neuf.

M. Charles Benoist. — Ah non, par exemple (Rires.)

M. Edmond Lepelletier. — Il n'y a dans le voisinage que la Cour de cassation, et elle ne siège pas, que je sache, à l'heure des exécutions.

De toute façon, il importe d'arrêter les exploits des malandrins, auxquels seront livrées nos têtes, tant qu'on ne pourra pas couper les leurs.

M. Castillard. — Je me joins à M. le garde des sceaux et à notre collègue Messimy pour demander la mise à l'ordre du jour de la proposition sur la non-publicité des exécutions capitales aussitôt après la discussion relative aux syndicats professionnels. (Très bien ! très bien !)

Il en est ainsi ordonné.

La Chambre inscrivit à son ordre du jour, à la suite de la discussion relative à la loi de 1884 sur les syndicats professionnels, la proposition de loi adoptée par le Sénat portant suppression de la publicité des exécutions capitales.

On a vu plus haut que cette discussion s'était trouvée reculée, puis ajournée et finalement que la Chambre s'est séparée sans avoir statué et aussi sans que l'administration de la justice se soit préoccupée de désigner, en attendant le vote et le rejet de la loi, un emplacement pour les exécutions à Paris. L'audace des criminels, avec l'espoir d'échapper à la guillotine, le seul châtiment qu'ils redoutent, a donc encore de longs mois de répit Les honnêtes gens n'ont qu'à trembler et à attendre.

Je défendrai, si je fais partie de la Chambre nouvelle, la publicité des exécutions, et si je n'obtiens pas le vote favorable, je voterai subsidiairement la loi adoptée par le Sénat, puisque si elle supprime les exécutions publiques, elle maintien du moins le principe et l'application de la peine capitale.

L'eau à Paris

M. Edmond Lepelletier a pris la parole dans la discussion générale du budget de l'agriculture.

Membre de la Commission d'hygiène, il s'est préoccupé de la question de l'eau potable et de l'eau destinée aux usages domestiques, aux ablutions, à l'assainissement, aux chasses d'égouts et à l'arrosage des plantations et promenades.

La question de l'eau est vitale pour une grande ville comme Paris.

M. Edmond Lepelletier, qui est toujours intervenu à la tribune, non pas dans les débats scandaleux, mais dans toutes les questions intéressant les travailleurs parisiens, les commerçants, et les besoins généraux des habitants, n'a pas manqué de réclamer, pour la Ville, dont il est un des plus actifs représentants, un changement dans les déplorables habitudes de l'Administration, en ce qui concerne l'eau.

Tous les ans on nous rationne l'eau. On devrait pouvoir gaspiller l'eau. On empêche les habitants des étages supérieurs de laisser couler l'eau à volonté pour rafraîchir une modeste carafe. Il est scandaleux qu'on arrête l'eau pendant la nuit, l'été. L'abondance de l'eau éviterait bien des conflits entre les locataires, les propriétaires et les concierges. De plus le Tout-à-l'égout fait de l'abondance de l'eau une nécessité sociale et sanitaire de premier ordre. Les médecins sont unanimes à reconnaître que c'est à l'eau, c'est-à-dire à l'eau de Seine mélangée aux eaux de sources, seules potables, que sont dues les épidémies de fièvres typhoïdes, qui ont sévi à diverses reprises, et dont notre quartier des Batignolles n'en a malheureusement pas été exempt.

M. Edmond Lepelletier, après avoir parlé du déboisement des montagnes, qui amène le dessèchement, la mort de la forêt ayant pour conséquence la fin des sources, s'est exprimé en ces termes :

2e séance du 25 janvier 1906

Discussion générale du Budget de l'Agriculture

(*Extrait du Journal Officiel du 26 Janvier 1906*)

M. Edmond Lepelletier. — Dans la discussion générale de l'agriculture je dois aussi faire entrer l'hydraulique, je dois parler de l'eau. La question se rattache au reboisement des montagnes et en même temps aux intérêts à la fois de la ville et de la campagne. La ville de Paris, dont j'ai l'honneur d'être l'un des représentants, est particulièrement intéressée à cette question de l'eau, comme aussi les campagnes avoisinantes. Les régions même assez lointaines ne doivent pas se montrer indifférentes, puisqu'on va capter les eaux jusque chez elles. Il y a là un problème qui s'impose à la préoccupation non seulement de tous ceux qui s'occupent de l'agriculture, mais on peut le dire aussi de tous les Français. Dans un avenir peut-être assez proche, l'eau en France coûtera aussi cher que le vin (*Exclamations*), peut-être plus cher.

Au centre. — Vous exagérez !

A gauche. — Le vin est déjà très bon marché.

M. Edmond Lepelletier. — Messieurs, vous pouvez me permettre, dans un sujet un peu aride, comme ces montagnes dont je prévois la dénudation, de prendre ici et là une formule vive et pittoresque.

Mettons qu'il y a un peu d'exagération dans mon assertion. Mais, puisque je parle du vin, je me faisais méridional. J'ai entendu souvent, ici, nos collègues du Midi se plaindre du bas prix auquel ils vendaient leurs récoltes. On dit même qu'on a vendu, dans certains endroits, du côté de Narbonne ou de Béziers, du vin à 3 ou 4 francs l'hectolitre. Mettons si vous le voulez, 7 fr. 50, mettons 15 francs si vous le voulez, ou 25 francs.

A gauche. — 25 fr. 50.

M. Edmond Lepelletier. — C'est déjà un prix rare. Il viendra un moment où l'eau, dans certains endroits, reviendra plus cher encore, attendu qu'il faudra l'amener à grand frais...

A l'extrême gauche. — Le vin est moins cher que l'eau minérale ?

M. Edmond Lepelletier. — L'eau minérale sera peut-être à meilleur marché encore, car on la fabrique dans les laboratoires — et au besoin les Allemands nous enverront l'Apollinaris !

L'eau coûtera très cher, parce qu'il sera nécessaire d'aller la chercher au loin. Vous savez qu'il y a un projet fantastique — on l'a attribué à Jules Verne ; peut-être la ville de Paris sera-t-elle obligée de le réaliser. (*Bruit à l'extrême gauche.*) Messieurs, ce projet vous intéresse puisque vous habitez la plus grande partie de l'année à Paris et que vous en buvez l'eau. On arrivera donc peut-être un jour à capter l'eau du lac Léman.

Ce vaste projet coûtera des sommes considérables et l'eau potable amenée de Genève à Paris reviendra à plus de 3 francs l'hectolitre.

Mais, messieurs, l'état sanitaire des petites villes, des bourgades est aussi intéressant que la salubrité des grandes villes. J'ai traversé le plateau de la Beauce, entre autres endroits privés d'eau, et j'ai été effrayé de la rareté de ce liquide de première nécessité.

J'ai par exemple, visité Ladon au bout du plateau d'Etampes. (*Exclamations.*) Ce petit pays vous est inconnu ? Il s'est signalé par une défense héroïque pendant la guerre, et les vitraux de l'église au lieu de représenter des portraits de saints émaillés, représentent des francs-tireurs, des turcos, et des citoyens entourant le maire en redingote avec son écharpe, debout sur la barricade, repoussant les Prussiens. Un accident de route m'avait obligé à m'arrêter dans le pays. J'ai vu à Ladon apporter à bras d'homme dans un tonneau, de l'eau puisée à 4 ou 5 kilomètres.

M. Darblay. — C'est parfaitement exact !

M. Edmond Lepelletier. — Chercher de l'eau potable, de l'eau salubre, c'est tout un travail ; il faut du monde et du temps. Alors on se prive d'eau, la santé s'en ressent et les animaux comme les hommes souffrent du manque d'eau.

Ce qui se produit sur ce plateau beauceron n'est pas un fait unique ; l'eau va en se raréfiant en France. L'explication en est bien simple. Il y a d'abord le déboisement, le torrent substitué au cours d'eau régulier, ensuite la captation par les grandes villes de différentes sources dans leur voisinage, enfin le progrès sans cesse croissant de la chimie et de l'industrie qui établit ses moulins et qui répand dans les cours d'eau des substances très utiles pour la fabrication, mais très nuisibles pour ceux qui boivent cette eau.

Il faut donc se préoccuper de l'eau, pour Paris comme pour les villages arides. Je demande à M. le ministre, qui a certainement déjà pensé à ce grave problème, ce qu'il compte faire pour l'hydraulique dans notre pays. (*Très bien ! très bien !*)

Les Cochers

J'ai signé et déposé avec mon collègue Pugliesi-Conti, une proposition de loi tendant à diminuer les frais de justice devant les tribunaux de simple police en faveur des cochers de place et de remise, (Annexe au procès-verbal de la séance du 19 mai 1903.)

J'ai en outre signé et exposé une autre proposition complémentaire, tendant à supprimer la peine de l'emprisonnement pour les cochers à raison des contraventions par eux encourrues.

On sait que la prison, en matière de contravention, est la peine appliquée en cas de récidive. Et la récidive est fréquente pour les contraventions, le plus souvent insignifiantes, encourrues par les cochers.

Ces travailleurs, si intéressants et dont le métier est rude, pourront toujours compter sur mon appui et sur mon dévouement.

Les Hôteliers-logeurs et le service des mœurs

J'ai protesté avec mon collègue Gabriel Deville, contre le régime encore imposé aux hôteliers-logeurs.

Des ordonnances remontant à Louis XV et au lieutenant de police Lenoir, sont encore en vigueur, qui punissent très sévèrement les hôteliers-logeurs et les débitants de boissons, principalement à raison du séjour ou même du passage accidentel d'une fille de mauvaises mœurs.

On dit qu'on n'applique plus guère ces ordonnances qui frappent l'hôtelier reconnu coupable de loger chez lui une femme galante. On ne poursuit plus le passage accidentel d'une fille dans un hôtel, mais le séjour est encore punissable. Bien plus le débitant de boissons peut être passible d'une contravention pour avoir donné à boire même accidentellement, à une prostituée, qui ne portant plus de ceinture spéciale, comme au moyen-âge, ne pouvait lui révéler en rien une femme soumise aux règlements de police.

Les ordonnances et règlements visant la police des mœurs semblent surtout dirigés contre les hôteliers-logeurs, marchands de vins et débitants de boissons.

J'ai réclamé l'abrogation de ces lois surannées, et j'ai réclamé que toutes les questions relatives à la police des mœurs et aux infractions s'y rapportant, fussent soumises au juge de paix.

J'ai donc déposé un amendement dans ce sens, et je l'ai soutenu en ces termes.

Séance du du 1er Février 1904.

(Extrait du *Journal Officiel* du 2 Février 1904.)

M. Edmond Lepelletier. — Messieurs, je crois que l'opinion publique attendait avec une certaine impatience la réforme des justices de paix en ce qui concerne surtout la compétence civile. Elle éprouve moins d'impatience pour la compétence pénale ; certaines inquiétudes se sont mêmes manifestées à cet égard. J'espère qu'elles se dissiperont au cours de la discussion. Puisqu'on a donné aux juges de paix des attributions pénales qu'ils n'avaient pas, qu'on les leur a données par surcroît, par extension de la loi, il semble tout d'abord qu'on aurait dû commencer par attribuer à la juridiction de police toutes les infractions de police et, par conséquent, celles de la police des mœurs.

Sans examiner des faits particuliers, vous vous rappelez que dernièrement, à cette tribune, M. le président du conseil, sur l'interpellation de M. Paul Meunier, relativement à deux arrestations scandaleuses, a répondu, avec une très grande hauteur de vues — il ne s'agissait pas là d'un sujet touchant à la politique — et a déclaré qu'il n'avait pas la prétention de traiter la question au fond, qu'il convenait d'en réserver l'étude. Voici d'ailleurs le texte même de ses paroles :

« M. Meunier a voulu attirer mon attention sur cette question. Je puis vous assurer que je l'étudierai avec tout le sérieux qu'elle mérite, car elle intéresse la dignité et la liberté des personnes, en même temps que la sûreté et la salubrité publiques. »

C'est exact. Aujourd'hui nous allons, à propos de la justice de paix, traiter la question, non pas au pas au point de vue occasionel, au point de vue d'un accident de la rue, mais au point de vue général et social. Cependant si je voulais, moi aussi, apporter des faits précis, comme lorsqu'on a discuté l'incident Forissier où les agents des mœurs avaient eu la main assez malheureuse en arrêtant non seulement une honnête femme — cela leur arrive souvent — mais la fiancée, devenue la femme d'un rédacteur de la *Lanterne* (*Sourires*), je pourrais vous citer un fait récent qui a eu son dénouement la semaine dernière devant la cour d'appel de Lyon. Cette cour a rendu un arrêt très important, visant un point de fait tout particulier, mais rappelant un principe absolu de notre droit.

Une certaine dame Fabre, caissière d'un café, s'est trouvée tout d'un coup arrêtée dans l'établissement par trois agents de la police des mœurs ; voici le sommaire de ce procès, tel que le rapporte le *Temps* :

« Le 21 mai 1902, Mlle Antoinette Fabre, gérante de café à Lyon, était arrêtée dans l'intérieur de l'établissement par trois agents du service des mœurs. Le crime de Mlle Fabre, au dire des agents, était d'avoir adressé à l'un d'eux, plusieurs heures auparavant, une œillade provocatrice.

« Maintenue en état d'arrestation, malgré les protestations du propriétaire du café, elle fut, le lendemain matin, soumise aux formalités de la visite sanitaire, puis relâchée. Elle introduisit aussitôt contre les trois agents devant le tribunal civil de Lyon, une demande en dommages-intérêts fondée sur le préjudice qui lui avait été causé. »

Les agents des mœurs avaient soulevé une exception d'incompétence. Ils soutenaient que les arrestations opérées par le service des mœurs constituent des actes administratifs dont les tribunaux judiciaires ne peuvent connaître. Vous verrez, messieurs, l'intérêt de mettre dans la loi une disposition établissant à cet égard la juridiction compétente, celle des juges de paix.

Le tribunal civil de Lyon n'avait pas voulu rendre de jugement, en disant qu'il attendait l'avis du conseil d'Etat. Appel fut porté devant la cour de Lyon et cette cour, jugeant avec un grand sens, avec humanité aussi, a rendu un arrêt déclarant que le tribunal de première instance avait eu tort. Voici les termes mêmes de cet arrêt :

« La cour d'appel de Lyon, réformant sur ce point le jugement de première instance, déclare qu'aucune disposition législative ou réglementaire ne donne aux agents du service des mœurs le droit d'arrestation préventive en dehors des conditions et des garanties de droit commun, que les textes étant clairs et précis, il n'y a pas lieu de les interpréter, mais de les appliquer... »

Si nous avons, dans cette affaire si pénible pour la pauvre femme qui en fut victime, un arrêt de la cour de Lyon, tous les jours se produisent des arrestations et des faits excessivement douloureux pour ceux qui en sont victimes, mais dont aucune juridiction n'est saisie. Bien des plaintes ne sont pas portées. On ne peut s'adresser aux tribunaux dans bien des cas. Saisir les magistrats est souvent impossible aux victimes des agents des mœurs.

Je n'insiste pas en ce moment sur ce sujet parce que je ne vous demande pas de réformer la police des mœurs : une commission est chargée d'étudier la question ; je veux circonscrire le débat sur son terrain juridique. Je ne demande pas qu'on réforme aujourd'hui tout cet ensemble d'ordonnances, de réglements et de lois remontant à l'ancien régime ; j'approuve entièrement ce qu'a dit M. Gabriel Deville en ce qui concerne les ordonnances singulières, datant du lieutenant de police Lenoir, sur les hôteliers et l'obligation pour eux de demander aux voyageurs leur contrat de mariage. Il y a d'autres textes dont l'abrogation est urgente, je citerai notamment l'ordonnance, édictée en 1878 par le préfet de police Albert Gigot, toujours en vigueur, défendant par exemple aux filles de se promener en cheveux — c'est le chapeau obligatoire (*On rit*). — et leur interdisant l'accès des établissements publics. Ce serait la ruine pour certains établissements et pour le public parfois une déception.

Mais là n'est pas la question. On a soulevé ce débat à la tribune à l'occasion de différents scandales. A propos de l'un d'eux, Gambetta a déclaré assez dédaigneusement que c'était là une question de voirie. Soit ! quoi qu'il soit bien grave d'assimiler des êtres humains à des objets de voirie. L'opinon de Gambetta doit être retenue cependant, en ce sens que c'est le juge compétent pour les affaires de voirie qui doit statuer en matière de police des mœurs. Or, qui est compétent en matière de voirie ? C'est le juge de paix. Et, quelle est, aux yeux de l'administration, la juridiction compétente à l'égard des filles publiques ? Ce sont des messieurs qui sont, l'un chef de bureau, l'autre sous-chef, le troisième, simple commis, tous fonctionnaires de la police. De sorte que la question se pose ainsi : Un agent de police, quels que soient son grade et sa fonction, est-il un magistrat ? A-t-il le droit de prononcer des peines d'emprisonnement ? Le juge de paix a déjà le droit d'en prononcer ; vous allez étendre son pouvoir, le charger de statuer sur maintes affaires jusqu'ici soumises au juge correctionnel ; pourquoi ne pas lui attribuer ces jugements que rend indûment le bureau de police ?

Actuellement, il y a tous les jours des délinquantes. Je ne prétends pas qu'elles soient intéressantes, mais enfin elles ne sont coupables que d'infractions à des règlements, à des arrêtés préfectoraux concernant la circulation, le trottoir, la viabilité, le respect des passants et la décence des allures ; elles sont déférées à un tribunal qui n'existe en vertu d'aucune loi, à un tribunal illégal, qui se compose de fonctionnaires, d'employés usurpant le rôle de magistrats, et condamnées à un emprisonnement qui n'est jamais moindre de huit jours et peut aller jusqu'à deux et trois mois.

Le juge de paix est un magistrat considéré, un homme instruit, qui souvent possède des diplômes ; il a l'expérience des affaires, la confiance de ceux qui le nomment et de ses justiciables, et cependant vous hésitiez tout à l'heure à étendre ses pouvoirs en matière de délits forestiers, de délits de pêche, de délits de chasse. Ici il s'agit de milliers d'êtres humains, coupables seulement d'infractions, qui quelquefois même n'existent que dans l'imagination des agents. Leurs chefs leur ont dit : « Vous mollissez, vous vous amusez, on n'arrête plus assez ! il nous faut du nombre ! faites-nous du nombre ! » Alors, pour montrer leur zèle, ces hommes se livrent à ces chasses odieuses qu'on appelle des rafles. La plupart du temps, ces pauvres femmes pourchassées ne sont coupables que d'être tombées sous la griffe des agents. Ce sont là des faits que toute la presse démocratique a dénoncés depuis longtemps. (*Très bien ! très bien ! sur divers bancs.*)

C'est au moment où l'on discute le point de savoir s'il ne faut pas ajouter à la compétence des juges de paix, sur laquelle vous délibérez, et où l'on cherche à limiter les délits qui sont actuellement du domaine des agents nes mœurs et de la police, qu'il convient de retirer à la police le droit de prononcer des pénalités aussi graves que l'emprisonnement et quel emprisonnement ! et dans quelles conditions, dans quelles maisons ! — contre des êtres coupables d'infractions à des ordonnances de police.

Je pourrais vous lire des consultations d'hommes éminents comme M. Batbie — qui fut un très mauvais ministre, mais un excellent professeur de droit — qui constatait que ces arrestations étaient complètement illégales et arbitraires ; comme Faustin Hélie, le savant jurisconsulte, qui a déclaré que c'était sans droit que les fonctionnaires de la police s'érigeaient en magistrats. Personne ne peut contester le bien fondé de l'opinion de ces juristes émérites.

Vous avez aujourd'hui, Messieurs, l'occasion de solutionner un problème qui, pour ne pas toucher directement l'ensemble de la société, a cependant une répercussion considérable sur l'ordre social. Car, Messieurs, quand bien même il n'y aurait qu'une seule femme innocente parmi tant de malheureuses arrêtées, pour celle-là vous devriez agir et retirer à la police un pouvoir qu'elle n'a aucun droit de posséder.

Son rôle est de surveiller la voie publique, de maintenir l'ordre et la décence dans les rues. Lorsqu'il se produit des violences ou des rixes, c'est le tribunal de droit commun qui est saisi, c'est la juridiction correctionnelle qui est compétente : mais lorsqu'il y a seulement infraction à des arrêtés préfectoraux ou municipaux, à des règlements de police, je demande que le juge de paix remplisse le rôle qui incombe actuellement aux fonctionnaires de l'administration. Remarquez bien que dans plusieurs villes de France les choses se passent ainsi : mais dans d'autres grandes villes et, notamment à Paris, il n'en est pas de même.

Examinez donc, Messieurs, cette question de la compétence des juges de paix en matière d'infractions à des règlements de police spéciaux, dits de police des mœurs. Je crois que, par là, vous aurez accompli une bonne besogne et fait œuvre utile. Vous diminuerez le nombre des scandales trop fréquents et vous empêcherez le maintien d'un abus monstrueux, contre lequel protestent du fond du cœur tous ceux qui s'intéressent à la question que je traite en ce moment.

Car la presse, depuis longtemps, dénonce ces faits attristants tels que l'arrestation entraînant l'inscription de filles mineures ; depuis longtemps cette pratique ne devrait plus exister. (*Interruptions sur plusieurs bancs.*)

Je ne cherche pas à passionner la discussion, ni à diriger des attaques contre le préfet de police ; je suis en effet un partisan de l'institution même de la surveillance des filles et d'un règlement sur les prostituées.

Il faut réformer la police des mœurs, mais on ne peut pas la supprimer. Lorsque les personnes soumises à cette police ou arrêtées par elle commettent des infractions ou sont exposées à des pénalités, étant donnés les textes qu'on m'a appris à étudier et à respecter, je voudrais que leur condamnation fût prononcée, en vertu de la loi, non pas par un employé, par un fonctionnaire, si élevé que soit son rang, mais par un magistrat.

La question des filles mineures est d'une haute importance. C'est aujourd'hui un véritable scandale. Savez-vous qu'il y en a plus de 1,200 arrêtées chaque année ? Pourquoi ces filles mineures ne sont-elles pas conduites devant le juge de paix ? Voilà la question. Le juge de paix examinerait si la jeune fille a été poussée dans la rue par des parents dénaturés, par de mauvais conseils, par l'influence des milieux ou par ces grands recruteurs de la prostitution qui s'appellent la faim, le froid ou le dénuement. Le juge de paix aurait plus d'humanité que ces pourchasseurs de gibier féminin qui ne voient dans leur profession qu'une seule chose, le moyen de se montrer rigoureux; sévères, de manière à s'attirer les félicitations de leurs chefs. Je ne les calomnie pas ; ce sont des hommes qui très souvent ont été de bons sous-officiers, mais qui ont la poigne trop rude. Ils ne voient partout que des délinquantes, même lorsqu'il s'agit de mineures de douze, treize ou quatorze ans, car on arrête à cet âge ces petites bouquetières, ces petites filles qu'on rencontre sur les trottoirs de Paris,

Croyez-vous que pour elles ce soit une bonne juridiction que celle de policiers qui voient partout des délinquantes ? Ne croyez-vous pas qu'il faudrait commettre un magistrat véritable, notamment pour examiner cette question si grave de l'inscription des filles mineures et afin qu'on ne les rejette pas à tout jamais dans la boue ? Ne croyez-vous pas qu'il serait meilleur de les faire comparaître devant un magistrat régulier, qui examinerait les faits, qui ferait au besoin une enquête et statuerait ensuite par un jugement décidant si la fille doit être envoyée dans un établissement d'hospitalisation, si elle doit être rendue à ses parents avec une semonce, ou enfin, si elle doit être mise en correction ? Voilà une circonstance rès grave où la compétence du juge de paix est indispensable.

Cette question qui semble, au premier abord, n'intéresser que la classe la moins sympathique de la société, constitue un grand problème social que tous les philosophes, que nombre d'esprits éminents pour lesquels, de ce côté-ci de la Chambre (*la gauche*), nous n'avons que du respect et de la sympathie, que des hommes comme Victor Hugo ont étudié et sur lequel ils ont attiré l'attention et la pitié de tous les honnêtes gens.

Le jour où Victor Hugo a plaidé la cause de cette malheureuse Fantine, victime de la ténacité et de la rigueur professionnelle d'un agent de police, on a pu croire qu'il grandissait, avec son génie habituel, Javert, qu'il en faisait un être exceptionnel. Eh bien ! pas du tout. Javert est partout ! On le rencontre à chaque instant, parce que s'il est des agents aimant leur profession, ce sont bien les chasseurs des mœurs ; ils l'aiment un peu comme les chasseurs d'autre gibier, et aussi parce que cette profession est pour eux une source de profits et de satisfactions qui disparaîtraient le jour où la justice interviendrait. La plupart de ces agents des mœurs ont pour maîtresses des femmes qu'ils sont chargés de surveiller. (*Mouvem nts divers.*) Le fait est exact et connu de tous. Que se passe-t-il alors ? C'est qu'ils cherchent à éviter la concurrence et pour cela ils tâchent de recevoir des dénonciations afin de toujours remplir Saint-Lazare. Le juge de paix investi de pouvoirs suffisants, à qui ces agents amèneraient la délinquante, examinerait si le délit dont on l'accuse est grave ou non, s'il mérite quinze jours ou deux mois de prison, ou si au contraire l'indulgence et le sursis s'imposent.

J'ai fini sur ce grave sujet. Je demande que M. le rapporteur veuille bien ne pas considérer mon amendement comme un obstacle au vote de la loi. On pourrait l'ajouter comme article aux dispositions pénales déjà adoptées puisqu'on a déjà donné aux juges de paix de nouvelles attributions, sans compromettre l'ensemble de la loi. Je vous en indique qui devraient être de la compétence du juge de paix depuis longtemps, puisque les infractions que je demande qu'on lui défère sont qualifiées d'infractions à des arrêtés de police. (*Applaudissements sur divers bancs.*)

M. le rapporteur. — Messieurs, je voudrais repondre quelques mots d'abord à mon honorable collègue M. Lepelletier et ensuite à M. Deville.

Dans un amendement très intéressant et extrêmement étendu, M. Lepelletier vous propose de confier au juge de paix toute la police des mœurs, ainsi que la connaissance des délits et des contraventions dont la police des mœurs s'arroge la répression.

La commission repousse l'amendement parce qu'il y a, en ce moment, au ministère de l'intérieur, une commission extraparlementaire composée de tous ceux qui, avec un vif désir d'aboutir, étudient cette question de la police des mœurs. (*Exclamations sur divers bancs*).

Mais, messieurs, permettez-moi de vous indiquer que le premier acte de cette commission, alors que M. Lepelletier voudrait donner la connaissance de délits relevant de la police des mœurs au juge de paix, a été de voter à une énorme majorité le texte suivant : « La prostitution des femmes ne peut être considérée comme un délit inscrit au code pénal. »

Il semble donc difficile, étant données l'orientation de ces travaux et la réglementation générale à laquelle elle va parvenir, de distraire certains textes et de confier au juge de paix la compétence de délits relevant de la police des mœurs. C'est pour ces motifs que nous repoussons l'amendement de M. Lepelletier.

M. le garde des sceaux a également repoussé l'abrogation des ordonnances de Louis XV et Louis XVI visant les hôteliers-logeurs.

M. Edmond Lepelletier a répliqué en ces termes :

— M. le garde des sceaux a donné beaucoup d'extension à ma proposition quand il a prétendu que je modifiais complètement la législation sur la police des mœurs. Il n'en est rien ; je laisse à la commission qui a été instituée à cet effet, aux autorités compétentes, le soin de réglementer, d'administrer, d'abroger les décrets et ordonnances, de conserver non seulement tout ce qui importe à la sécurité des habitants, à la tranquillité des passants, mais encore tout ce qui intéresse les mesures sanitaires. Je n'y touche pas aujourd'hui ; cependant il est monstrueux que la maladie soit considérée comme un délit à notre époque, et que parce qu'une femme est malade, on la maintienne en prison pendant des mois, alors que celui qui l'a contaminée n'a pas été inquiété.

L'application des mesures sanitaires dont vous parlez devrait être réciproque ; or, cette réciprocité n'est pas possible,

Sans vouloir remuer plus longtemps ce bourbier social, je me borne à vous dire : Vos agents arrêtent des délinquantes auxquelles ils reprochent d'avoir commis des infractions de simple police. Qui est juge de ces infractions ? Est-ce la cour de cassation, le tribunal correctionnel ou la cour d'assises ? Non, c'est le juge de simple police. Conduisez donc ces délinquantes devant ce juge de police. Je ne vois pas quelle objection M. le rapporteur peut m'opposer. Je ne touche pas à l'ensemble des règlements concernant la prostitution ; vous les modifierez, messieurs, vous les amenderez si vous voulez ; je vous demande seulement, puisque vous discutez sur la compétence des juges de paix, d'être logiques.

Je m'adresse à tous mes collègues qui ont lu des récits plus ou moins émouvants et qui se sont passionnés pour des histoires dramatiques analogues à celle de Manon Lescaut, et je leur recommande de se prononcer pour ou contre le maintien du régime actuel en décidant d'abord que le juge de paix sera compétent pour juger les infractions constatées par la police. Nous verrons après.

M. le rapporteur. — La commission, d'accord avec le Gouvernement, repousse l'amendement.

M. le président. — Je vais mettre aux voix l'amendement. Il y a une demande de scrutin. (*Exclamations*).

Est-elle retirée ?

M. Edmond Lepelletier. — Pas du tout ! On va se compter. On verra ceux qui sont partisans du maintien de l'arbitraire de la police.

Sur plusieurs bancs. — Quel est le texte de l'amendement ?

M. le président. — L'amendement est ainsi conçu :

« Les tribunaux de simple police à Paris et dans les autres villes et communes où ils n'en connaissent pas déjà, connaîtront des infractions aux arrêtés préfectoraux, municipaux et règlements de police concernant le racolage sur la voie publique, les actes dits d'insoumission, le logement par les hôteliers-logeurs des femmes se livrant à la prostitution, et généralement de tous les faits, délits et contraventions dont la police dite des mœurs s'arrogeait la répression.

« Toute personne arrêtée ou poursuivie pour une infraction de ce genre sera déférée au tribunal de simple police.

« La condamnation sera prononcée en vertu du paragraphe 15 de l'article 471 du code pénal; elle comportera toutefois avec l'amende l'emprisonnement dans la limite de la compétence.

« La maladie n'étant pas un délit, aucune condamnation ne pourra être requise, pour cause d'état sanitaire, contre les femmes arrêtées pour scandale sur la voie publique, racolage ou tout autre chose.

« En attendant la révision des règlements de police sur la prostitution, les juges de paix auront seuls qualité pour apprécier les actes dits d'insoumission et pour statuer sur la demande de radiation d'inscription au livre de la police des mœurs. »

Il y a une demande de scrutin signée de MM. Louis Brindeau, Cornudet, Bouctot, Proust, Paul Beauregard, Marot, Prache, Audiffred, La Chambre, Duquesnel, Audigier, Anthime-Ménard, Jacquey, Boury, Bonnevay, Quilbeuf, Berthoulat, etc.

Le scrutin est ouvert.

(Les votes sont recueillis. — MM. les secrétaires en font le dépouillement.)

M. le président. — Voici le résultat du dépouillement du scrutin :

Nombre de votants.		436
Majorité absolue.		219
Pour l'adoption. . . .	101	
Contre.	335	

La Chambre des députés n'a pas adopté.

Les hôteliers-logeurs sont donc toujours soumis aux ordonnances arbitraires de l'ancien régime, et les filles sont soustraites aux tribunaux réguliers pour leurs délits, et condamnées, comme délinquantes, quand elles sont malades par des chefs de bureau de la préfecture, transformés en magistrats, ce qui est une véritable usurpation légale.

La Séparation des Eglises et de l'Etat

J'ai voté la loi de Séparation. Fidèle aux principes de toute ma vie, je ne pouvais maintenir le Concordat, alors surtout que le Pape, par ses résistances et ses ingérences dans les affaires ecclésiastiques de la France, nous avait contraints de rappeler l'ambassadeur que la République entretenait, bien inutilement au Vatican. Cette ambassade faisait double emploi. Elle irritait les Italiens, et empêchait le rapprochement complet, si désirable, si utile des deux nations sœurs. Notre éminent ambasssadeur auprès du roi d'Italie ne suffisait-il pas pour entretenir les relations diplomatiques nécessaires de l'autre côté des Alpes ?

J'ai soutenu et voté divers amendements, au cours de la discussion ayant pour but de rendre la loi plus libérale, plus acceptable par tous.

J'ai voté la loi dans son ensemble, en déclarant à plusieurs reprises, que je m'opposerais à toute aggravation, à toute mesure coercitive ou tyrannique qui pourrait être par la suite proposée.

J'ai fait observer que des hommes importants, parmi le parti catholique, comme M. Denys Cochin, M. Brunetière et biens d'autres défenseurs du catholicisme, avaient affirmé que la loi était supportable, qu'elle paraissait même procurer à l'Eglise des avantages nouveaux.

J'ai constaté la maladresse avec laquelle il a été procédé à la formalité des Inventaires, réclamés, exigés d'ailleurs par les partisans de l'Eglise, M. Grousseau en tête, au sein de la commission.

J'ai déploré les rigueurs, les désordres issus de ces inventaires dans quelques paroisses aristocratiques et parmi les populations frustes, ignorantes, crédules et fascinées de la Basse-Bretagne et de la Haute-Loire.

Je répète ici, ma déclaration formelle de combattre toute mesure nouvelle susceptible de vexer la conscience des croyants, de gêner les fidèles dans la pratique du culte et de menacer la croyance des catholiques, qui comme toutes les croyances, a droit au respect des citoyens, à la protection des autorités, sous la réserve de la soumission à la loi.

Voici le discours que j'ai prononcé au cours de la discussion, réclamant la faculté pour les communes de donner des secours aux indigents et aux personnes gênées pour la pratique du culte, selon les traditions et les usages de notre pays.

Séparation des Eglises et de l'Etat

Séance du 13 Avril 1905

(Extrait du *Journal Officiel*, du 14 Avril 1905

M. le Président. — Nous passons à un paragraphe additionnel présenté par M. Edmond Lepelletier.

Il tend à ajouter au premier paragraphe de l'article 2 la disposition suivante ;

« Toutefois, en cas d'insuffisance des ressources des associations cultuelles, les conseils municipaux pourront, à titre exceptionnel, et comme allocation individuelle, accorder des subventions spéciales aux familles nécessiteuses ou momentanément gênées, pour leur faciliter l'accomplissement des cérémonies religieuses qui accompagnent le baptême, la première communion, le mariage et les funérailles.

« Ces allocations n'auront que le caractère de secours occasionnel et personnel. »

La parole est à M. Edmond Lepelletier.

M. Edmond Lepelletier. — Messieurs, la disposition additionnelle que j'ai l'honneur de soutenir devant vous n'a pas un caractère d'obstruction.

D'abord, j'ai voté l'article 1er. Ensuite, je souhaite que la loi entre dans nos codes et surtout dans nos mœurs, ce qui est peut-être plus difficile. Croyez-le, vous n'avez peut-être pas fait tout ce qu'il fallait pour faire pénétrer cette loi dans l'âme du pays.

Pour ma part, je suis indemne de ce côté. En cherchant sur ces bancs, l'autre jour, lors du vote de l'urgence, je voyais quelques rares collègues qui avaient préparé l'adoption de cette loi, parmi ceux-ci se trouve notamment M. de Lanessan, avec lesquels je fis, en 1879, une des premières campagnes pour la séparation des Eglises et de l'Etat. Il était très difficile de se faire entendre, à cette époque, lorsqu'on parlait dans ce sens. J'espère qu'aujourd'hui vous voudrez bien, en m'écoutant, prouver le contraire.

M. Lamendin. — Continuez ! Nous écoutons.

M. Begey. — Vous avez bien changé !

M. Edmond Lepelletier. — Je n'ai pas changé, mon cher collègue, puisque je soutiens la même thèse qu'autrefois. Seulement, aujourd'hui, je la soutiens devant une Assemblée qui me paraît disposée à agir dans le sens même où je parlais, il y a tantôt trente ans. Ce qui a changé, c'est l'esprit public. J'avoue que j'y ai contribué un peu.

C'est précisément par cette pénétration dans les esprits, en dehors du Parlement, qu'on a pu obtenir cet état de choses qui fait qu'en ce moment un aussi grand débat se poursuit sans soulever aucune agitation dans le pays.

M. Lamendin. — C'est ce qui prouve que c'est entré dans les mœurs avant même d'être inscrit dans la loi.

M. Edmond Lepelletier. — Croyez bien que c'est aux efforts de ceux qui ont été avec moi les ouvriers de la première heure que l'on doit ce résultat. Ils ne furent pas toujours favorisés dans cette enceinte. Il n'y a pas très longtemps, le 16 février 1895, si je me souviens bien, il s'est trouvé, lorsqu'on a abordé la question de la suppression du budget des cultes, 379 voix pour la repousser, alors que 111 députés républicains seulement lui donnaient leurs suffrages.

A l'heure actuelle, la séparation étant prévue dans le pays, étant même admise au point de vue politique, il s'agit de la faire passer dans les esprits. C'est assez difficile pour différentes raisons.

Tout à l'heure, dans un débat assez vif, on parlait de la Convention nationale.

Je m'étonne que les orateurs — il y en avait d'éminents, notamment M. Jaurès — n'aient pas rappelé que cette Convention nationale avait fait la séparation des Eglises et de l'Etat, et avait même accordé la liberté des cultes, car une loi de prairial an III (1795), précisément vers l'époque de l'année où nous sommes, établissait la liberté des cultes, et quelques jours après que cette loi fut promulguée, on put voir célébrer la messe dans la paroisse de Saint-Médard. C'était là un fait isolé ; mais c'était peut-être parce que Saint-Médard était l'église où le fameux diacre Pâris avait fait ses miracles, que le roi avait interdit à Dieu de continuer. Quoi qu'il en soit, deux ou trois paroisses virent célébrer le culte en 1795, sous la Convention.

Pendant de longues années, huit ans à peu près, la France a vécu sans inconvénient sous le régime de la séparation des Eglises et de l'Etat.

Depuis, le Concordat a changé tout cela, et aujourd'hui on nous propose de revenir à un état complet de séparation, c'est-à-dire à un état où le culte ne serait pas considéré comme un service public et où le prêtre n'aurait aucun caractère de fonctionnaire.

Quand M. le ministre a dit que le prêtre perdrait avec la loi nouvelle l'avantage de son caractère de fonctionnaire, j'ai entendu quelques protestations s'élever. Evidemment, le but même de la loi est d'ôter au ministre du Seigneur le caractère d'un employé du ministère de l'Intérieur et des cultes. J'estime que ce fait seul suffira pour séparer complètement et ostensiblement, dans le domaine de la politique, l'Eglise d'avec l'Etat.

Mais dans les mœurs, c'est absolument différent : permettez à un observateur professionnel, à un écrivain qui a consacré près de trente ans de sa vie à l'étude du caractère et des mœurs des citoyens de son pays, de vous dire que celles-ci sont quelquefois en contradiction avec les principes politiques.

Nous savons très bien — et ici je ne fais allusion à qui que ce soit, je ne parlerai même pas de l'exemple frappant du chef de l'Etat qui n'a rien à faire dans nos débats — nous savons très bien que des personnalités tout à fait en dehors de l'Eglise, mais obéissant cependant à des considérations personnelles, à des attaches familiales, à la puissance même de la tradition et de l'habitude, vont dans les églises ou recourent au culte, lorsque se présentent les grandes cérémonies, qui marquent les diverses parties de l'existence humaine.

M. Lasies. — Ce n'est pas par habitude, c'est par un sentiment de foi très sincère !

M. Edmond Lepelletier. — Je ne veux scruter la conscience de personne, j'examine des faits, je suis comme un chimiste qui aurait, devant lui, des bocaux renfermant divers éléments et qui rendrait compte de ce qu'il y a constaté.

Or je constate ceci : à la suite d'une longue pratique des quartiers laborieux de Paris, j'ai pu remarquer, notamment dans un quartier de Paris que je connais bien, ayant l'honneur de le représenter, dont la population mixte est composée d'employés, de commerçants, d'ouvriers, de travailleurs en un mot, que les enterrements civils sont dans une proportion presque infime et que les mariages à l'église sont toujours en honneur, et qu'on y baptise généralement les enfants.

Cependant lorsque vous vous entretenez avec les citoyens, à bien peu répugne l'idée de la séparation de l'Eglise et de l'Etat ; tous même parmi les militants ont pour ainsi dire le désir de s'affranchir de la tutelle de l'Eglise à tous les points de vue : au point de vue de la conscience comme sous le rapport de la politique.

C'est par là, c'est en cherchant à amener les gens à se séparer eux-mêmes de l'Eglise, qu'a commencé l'action qui se poursuit ici. Aussi est-il bien évident qu'il ne faut pas considérer la loi que nous faisons, simplement comme une loi de circonstance, comme une loi due à des querelles épiscopales, à des difficultés avec le Saint-Siège ; et même, en élevant plus haut le débat, il ne faut pas considérer la loi comme une arme, comme une représaille contre certaines tendances de l'Eglise à s'ingérer dans les affaires temporelles.

Tous les rois de France ont eu à eu lutter contre l'Eglise ; toute l'histoire de la monarchie a été l'histoire de querelles à propos de l'ingérence du clergé dans la direction des Etats. Par conséquent, la situation actuelle n'a rien de nouveau et nous ne ferions pas la loi présente pour réagir contre cet état de choses.

Nous la faisons seulement, cette loi, pour affranchir l'individu de toute attache avec les cultes, dont il ne voudra point, en lui laissant la pleine et entière liberté de s'attacher au culte qui lui plaira. Je crois que la loi doit être votée dans cet esprit libéral ; je la vote uniquement pour cette raison, parce qu'elle doit donner plus de poids et de certitude à la conscience humaine et non pas servir à l'opprimer. (*Très bien ! très bien ! sur divers bancs.*)

Dans ces conditions, il faut tenir compte, dans une société comme la nôtre, des nécessités sociales ; il faut, pour que la loi soit libérale, pour que les cultes soient accessibles à tous ceux qui voudront profiter du libéralisme de la loi, que les pauvres n'en soient pas écartés. Tel est le but de mon paragraphe additionnel.

Je ne demande aux conseils municipaux aucun privilège, aucune subvention, entendez-le bien, aucun crédit pour les ministres des cultes. Tout à l'heure l'honorable M. Dansette a tenu un langage excellent, mais il ne paraissait pas correspondre absolument au sentiment de la majorité de la Chambre, ni même au but que la loi se propose.

Il vous a demandé si je traduis bien sa pensée, que les conseils municipaux puissent donner des subventions aux ministres des cultes. Eh bien ! je crois que ce n'est pas du tout la voie à suivre ; ce serait rétablir indirectement, de la façon la moins pratique, le budget des cultes. Mon article additionnel vous propose non pas de subventionner les ministres des cultes à un titre quelconque, c'est-à-dire de maintenir le budget des cultes au lieu de le supprimer, mais de venir en aide à certaines familles qui tiennent à ces cérémonies cultuelles, dont la loi maintient l'exercice. Peut-être leurs enfants et leurs petits-enfants se détacheront-ils de ces pratiques cultuelles, mais vous devez constater avec moi — il faudrait être aveugle ou de mauvaise foi pour ne pas le voir — que, dans la ville de Paris, aussi bien que dans les campagnes, les cérémonies cultuelles ont encore lieu. Elles accompagnent encore la naissance par la cérémonie du baptême ; puis viennent les fêtes de la première communion, du mariage et les pompes de l'enterrement. On suit encore les traditions de l'Eglise, en dehors de ses dogmes, c'est indiscutable.

Si nous sommes des législateurs sages et prudents, si nous ne faisons pas une loi de violence — et je crois que telle est la pensée de M. le rapporteur et de M. le ministre — si nous ne faisons pas une loi de persécution, une loi qui, comme certains arrêtés de la Commune de Paris en 1793, violenterait les consciences...

M. le comte de Lajuinais. — Si, on veut violenter les consciences.

M. Edmond Lepelletier. — Mais non ! monsieur de Lanjuinais ; nous les laissons libres, à une condition, c'est que, comme je l'ai dit, la loi permette à tous les citoyens qui le voudront de pratiquer le culte, qu'ils soient riches ou pauvres. Ils le pratiqueront probablement de moins en moins, à l'aide d'une propagande de conférences et de journaux, si l'on juge à propos de les en détacher, mais il ne faut pas que cette loi prenne un caractère révolutionnaire, et paralyse le libre exercice du culte pour ceux qui désirent le pratiquer, ne fût-ce qu'occasionnellement.

Ce qui fait l'intérêt de ce projet, tel que l'honorable M. Briand l'a si bien exposé et si bien défendu, c'est que tous les défenseurs de l'Eglise pourraient s'y rallier complètement, et y trouver même une certaine latitude, alors que certains esprits, se réclamant d'une ancienne école à laquelle j'appartenais moi-même, pourraient craindre qu'il ne donnât plus de de force à l'Eglise, notamment par l'établissement et le rayonnement des associations cultuelles.

Nous acceptons cependant le projet tel qu'il est, mais nous voulons y introduire une disposition qui n'en vicie nullement l'économie, qui n'en change en rien la teneur, qui empêchera seulement que ses prescriptions ne soient, dans certaines situations, considérées comme une gêne par un grand nombre de familles françaises.

Ces familles ne sont pas seulement celles qui ont la foi au cœur. Il faut assurément respecter les croyances de celles qui ont la foi, et qui, d'ailleurs, trouveront presque toujours le moyen de favoriser l'expansion de leurs affections cultuelles. Mais il y a un grand nombre de familles d'ouvriers parisiens, de travailleurs de la campagne, de petits bourgeois, qui vivent absolument en dehors des églises, qui sont inconnues des personnes susceptibles de s'intéresser aux cultes et de les subventionner ; ces familles tiennent cependant à ces cérémonies, dont, depuis leur enfance, elles ont eu le spectacle sous les yeux ; elles seraient absolument désolées et privées le jour où elles seraient contraintes, faute d'argent, de se marier sans les cérémonies de l'église, d'enterrer les leurs sans eau bénite et sans prêtre qui dise les dernières prières.

M. François Fournier. — Personne ne les empêchera d'avoir un prêtre.

M. Edmond Lepelletier. — Les cérémonies, les solennités religieuses exigent une dépense. Ce désir du cérémonial religieux tient à des habitudes, à des traditions, à des considérations de respect humain, de qu'en-dira-t-on, quelquefois même à des considérations d'intérêt matériel. Mettez-vous, messieurs, à la place de tel ou tel petit commerçant qui fera enterrer son père civilement ou qui se mariera sans passer par l'Eglise, il craindra de perdre sa clientèle. Il n'est pas donné à tout le monde, surtout dans les milieux peu aisés et dépendants, de se priver publiquement de l'assistance du clergé.

M. François Fournier. — Ce sont là les petits côtés de la question.

M. Edmond Lepelletier. — Ce sont là les petits côtés de la question, mais, croyez-le bien, ils ont pour les petites gens une grande importance. Si on attaque votre loi, vous devez être très heureux qu'on ne l'attaque pas par les grands côtés, comme une loi funeste et injuste dont certaines personnes pensent et disent assez haut qu'elle est une loi de persécution, une loi q i empêchera l'expansion religieuse. Mais si on l'attaque, même par les petits côtés et sur ses conséquences dans la vie quotidienne, les attaques d'où qu'elles viennent se traduiront à la veille des élections. Elles susciteront des mécontentements et des revirements pouvant avoir de graves conséquences politiques.

Pour que cette loi soit applicable et ne déchaîne pas dans le pays, à la veille même de la grande consultation du suffrage universel, une sorte de guerre civile, pour qu'on laisse de côté cette question religieuse qui absorberait toute l'attention du pays et empêcherait de s'occuper des réformes, pour qu'on ne parle plus de cette question de la séparation, il faut que la loi soit supportable, qu'elle ne blesse pas justement par ses petits côtés, car c'est par ses petits côtés que les citoyens sont froissés beaucoup plus que par les grands principes et les grandes lignes d'une loi quelconque.

Voulez-vous que le prêtre puisse dire à ses ouailles: « Vous le voyez, nous n'avons pas suffisamment d'argent dans notre caisse et il nous est impossible de faire faire la première communion à vos petites filles. » Ces enfants se plaisaient, dans l'innocence de leur âge, à s'habiller en blanc, et croyez bien que dans nos faubourgs la première communion est une cérémonie laïque, presqu'une cérémonie païenne.

M. le comte de Lanjuinais. — Nous protestons.

M. Edmond Lepelletier. — C'est un jour de fête et tout le commerce en profite, depuis le pâtissier jusqu'au confiseur; c'est une fête à Paris comme dans les villages et les gens seront blessés par la suppression d'une cérémonie à laquelle ils tenaient par leurs intérêts et leurs habitudes. (*Exclamations à droite. — Bruit*).

M. Lamendin. — Alors c'est une religion commerciale.

M. le comte de Lanjuinais. — Nous protestons très énergiquement contre de telles assertions

M. Edmond Lepelletier. — Je ne croyais pas susciter une telle émotion en énonçant un fait que tout le monde peut constater, en vous demandant, quand vous faites une loi, de songer à ses conséquences pratiques réelles et à sa répercussion sur l'opinion, sur les intérêts. Il ne s'agit pas seulement de faire de la théorie, de décréter que l'Etat est séparé de l'Eglise. Il faut des faits, et ces faits il faut les examiner.

Que se passera-t-il dans le pays quand votre loi sera appliquée ? Voilà ce que vous devez vous demander, car le pays déjà s'en préoccupe, considérant la loi comme faite. Par suite de certaines considérations, les associations cultuelles ne pourront pas fonctionner utilement dans toute la France, dans tous les villages, dans tous les endroits où les gens réclameron ces cérémonies qui, pour eux, sont presque en dehors de la croyance, mais qui font partie de leur existence et dont ils semblent ne pouvoir se passer. Ces jours-là, qui sont pour eux les grandes journées de la vie, celles qui comptent seules dans le souvenir, si des citoyens et des citoyennes, si des mères de famille trouvent la porte de l'église fermée, et si on leur dit qu'il n'y a pas d'argent...

M. Prache. — Pas de suisse !

M. Edmond Lepelletier. — Naturellement, pas d'argent, pas de suisse. (*On rit.*)... ils ne s'en plaindront pas au chatelain, à l'association cultuelle, mais à leur député, à leurs conseillers généraux et municipaux, à l'Etat. (*Très bien ! très bien ! au centre et à droite. — Bruit à l'extrême gauche*).

Je ne crois rien dire qui puisse choquer les sentiments d'une partie de la Chambre ni sa raison. Je puis me tromper. Il est possible que j'aie rêvé et que dans quelques semaines, quand le calendrier va ramener certaines fêtes dans Paris, dans cette ville socialiste et républicaine, et presque tout à fait libre-penseuse, quand le mois de juin fera revenir la saison des bleuets dans les blés et des jeunes filles en blanc dans les rues, à qui persuaderez-vous qu'on ne fera pas la première communion ? Vous savez bien que même dans les rangs des plus fermes séparatistes, ici il y a des libres penseurs qui ont laissé faire la première communion à leurs enfants. Il faut tenir compte de cela. Il y a, dans tous les milieux, des familles républicaines, même socialistes, où l'on vote pour les candidats les plus avancés et qui cependant tiennent à conserver les prêtres pour certaines raisons, déjà énumérées tout à l'heure, qui entendent, en de certaines circonstances, recourir au culte et qui seront certainement froissées, choquées, heurtées, non pas seulement dans leur conscience, mais dans leurs traditions, leurs habitudes, leurs mœurs et leurs intérêts, si vous ne faites pas ce que je vous demande, si vous ne leur donnez pas la facilité d'avoir l'usage de ce culte, lorsque l'insuffisance de leurs moyens les en priverait.

Lamennais, dont on a souvent dans cette discussion rappelé certaines paroles, Lamennais qui a dit : « Le Concordat fut le tombeau des libertés de l'Eglise », Lamennais, cet homme éloquent, croyant et libéral, a prononcé un jour une parole fameuse qu'on a citée bien souvent ; je ne croyais pas qu'on pût l'appliquer à cette loi. Cependant votre résistance semblerait prouver que cette parole de Lamennais trouverait son écho encore de nos jours à propos des cérémonies cultuelles. « Silence aux pauvres ! » s'écriait Lamennais le jour où on frappait d'un timbre la feuille imprimée, le jour où on soumettait la pensée à un impôt, où il fallait être riche pour manifester ses idées et défendre ses croyances. Ce sera le cas de répéter cette apostrophe sévère le jour où le pauvre voudra ou prier ou s'associer à une cérémonie cultuelle et qu'il trouvera la porte de l'église ouverte, c'est entendu, mais personne pour y célébrer la cérémonie, qu'il attendait, parce que cette cérémonie coûte de l'argent, et qu'on n'officie pas gratis.

Ce vieil adage que l'on répète souvent : « Qui veut la messe doit la payer ! » n'est pas complètement juste ; plusieurs orateurs l'ont démontré. On dit que ceux qui ne pratiquent pas ne doivent pas être obligés de payer les frais du culte, parce qu'ils n'en profitent en aucune façon. Mais est-ce que les personnes qui n'ont pas d'enfants, par exemple, ne payent pas le budget de l'instruction publique, bien qu'il ne leur soit d'aucune utilité ? Cet axiome n'est donc pas exact dans toute son amplitude. Il faudrait dire que ceux qui ont le moyen de payer les frais du culte, le désirant bien entendu, doivent le payer, mais que ceux qui désirent ce même culte et ne peuvent le payer, ne sauraient en être privés pour cause de pauvreté ou pour crime d'indigence. Faites bien la distinction. Je ne vous demande pas de rétablir le budget des cultes, je ne vous demande pas comme l'honorable M. Dansette en exprimait le désir, de faire donner par la commune une subvention aux ministres des cultes, je vous propose seulement d'appliquer aux cultes, dans certaines situations, la faculté municipale d'allouer certains secours.

Les conseils municipaux ont dans leurs attributions et dans leurs habitudes d'accorder des allocations pour divers besoins personnels, individuels. Lorsque, par exemple, un jeune élève parait présenter des dispositions pour le dessin ou pour la peinture, la commune vote un crédit pour lui permettre de continuer ses études. On vote aussi des secours aux familles des réservistes. Je pourrais citer mille autres cas ; M. Dansette en a cité quelques-uns : concours de tir, de gymnastique, de musique. Lorsqu'une famille sera nécessiteuse, indigente ou momentanément gênée, ce qui peut se produire sans qu'elle soit inscrite au bureau de bienfaisance, par exemple si elle vient d'être frappée dans son entourage, dans la personne de son chef, et tout à coup privée ainsi de ses ressources ordinaires, je demande qu'alors cette famille ait la faculté de s'adresser du conseil municipal pour obtenir un secours personnel, que le conseil accordera s'il le juge à propos. Ce ne sera pas une subvention cultuelle, mais une allocution individuelle, accidentelle, spéciale, qui permettra, à la famille indigente ou gênée de bénéficier d'une disposition libérale et de prendre part, comme les citoyens aisés ou plus favorisés, aux cérémonies du culte. Tout cela n'est possible qu'avec de l'argent, car les cérémonies, comme les attendent ceux qui les réclament, sont toujours coûteuses. On ne peut, par exemple, demander un enterrement religieux, avec le plus ordinaire cérémonial, qu'en en payant les frais. Eh bien, en cas d'insuffisance de ressources dûment constatée dans une famille, la commune, meilleur juge que qui que ce soit pour apprécier la nécessité et l'insuffisance des subventions dues aux associations, doit pouvoir accorder quelque subside, faire remettre par son maire une allocation à qui en sera digne.

Mon amendement est conforme aux plus pures doctrines démocratiques ; il est notamment conforme à une doctrine que vous serez bien forcés d'entendre un jour quand vous aurez sans doute épuisé des discussions moins importantes et qu'il vous faudra en venir à la révision de la Constitution.

Il est bien évident que ce jour-là viendra un orateur qui prendra en main la cause de la première cellule de l'organisme social qui est la commune. Il vous demandera de rendre à la commune ses pouvoirs en laissant à l'Etat, bien entendu, les grands services publics d'intérêt général, par exemple, tout ce qui concerne la défense du pays, l'enseignement, le recouvrement de l'impôt.

Cette doctrine de l'autonomie communale qui n'a été exposée qu'un instant au milieu du sang, au milieu des alarmes et des désordres, n'est pas morte avec ses défenseurs ; elle revivra et vous serez obligés de compter avec elle.

Je fais appel aux anciens républicains et je leur dis de commencer ici l'application des droits de la commune. C'est un objet essentiellement communal que celui qui consiste à rendre aux morts les derniers devoirs, à unir les jeunes gens, à célébrer la venue dans la cité d'un nouvel enfant, d'un futur citoyen

Tâchez, messieurs, de ne pas faire de cette loi une loi persécutrice ou inégale, et pour cela il faut y insérer un amendement libéral qui fasse la part des choses et qui tienne compte de ce grand fait social : la pauvreté. Il ne faut pas mettre les nécessiteux dans la cruelle contrainte de ne pas pouvoir se servir du culte alors que vous laissez aux riches la possibilité d'en user. (*Applaudissements sur divers bancs.*)

Bilan de la législature

La législature de 1902-1906 a été la plus remplie, la plus abondante en travaux de tout ordre, depuis la République.

Elle a tenu un nombre inusité de séances, siégeant pendant plusieurs mois l'année dernière et en 1906 le matin et l'après-midi.

Elle a fait aboutir plusieurs lois d'une importance considérable, notamment la loi de l'Armée, la loi d'Assistance, la loi des Justice de Paix, etc., etc.

Plusieurs lois sont entre les mains du Sénat, notamment la loi des Retraites Ouvrières.

D'autres propositions tombent avec la législature. Je signalerai, dans cet ordre, deux importants projets de lois, que j'ai déposés, qui ont été renvoyés aux Commissions compétentes, et qui n'ont pu venir en discussion, avant la clôture.

J'ai demandé l'abrogation de l'art. 815 du Code civil pour établir l'obligation du partage, dans les successions. En favorisant l'indivision, on retiendra les enfants sur le sol natal, on évitera l'émigration vers les villes, nuisible à l'accroissement de la natalité, amenant des chômages, des désordres et contribuant à la multiplicité des crimes et délits.

J'ai proposé la substitution d'un timbre proportionnel au timbre fixe pour les actes judiciaires et les contrats, considérant qu'il est injuste de faire supporter le même coût de papier timbré dans un procès de cent mille francs et dans un litige de cent francs, pour un marché de quelques écus et pour un contrat roulant sur des millions. Le timbre judiciaire en matière de contrats serait proportionnel, comme celui des effets de commerce.

J'ai proposé la substitution du régime de la séparation de biens légale, à défaut de contrat, beaucoup plus favorable à la femme, au régime de la communauté de biens imposé aux époux se mariant sans aller chez le notaire, ce qui est le cas de la plupart des travailleurs, des employés.

La séparation de biens légale, à défaut de contrat, serait un régime éminemment favorable aux petits commerçants. Il serait conforme à l'équité dans la société actuelle où la femme a si fréquemment du travail et des gains et salaires distincts de ceux de son mari.

De nombreuses sociétés féminines ont appuyé d'une pétition ma proposition.

Je n'ai pu réunir ici que quelques-uns de mes discours. Le défaut de place, ne voulant pas mettre sous les yeux des électeurs un volume trop considérable, m'empêche de rappeler tous mes votes.

Il est impossible, et il serait fastidieux, de reproduire ici tous les votes émis pendant la législature qui vient de finir. Elle a été des plus laborieuses et les chiffres officiels suivants en donneront une idée.

La Chambre s'est réunie le 1er juin 1902. Elle a siégé du 1er juin 1902 au 14 avril 1906 durant *six cent soixante sept* séances publiques.

Le nombre d'heures de travail parlementaire, en séance publique, a été de 2.777. A ce chiffre déjà considérable, il convient d'ajouter, sans pouvoir les totaliser, le nombre des heures consacrées aux commissions, et aux réunions de groupes.

Mille cinq cent cinquante votes ont été émis, en scrutin public.

La Chambre s'est jointe au Sénat le 17 janvier 1906, pour former l'Assemblée Nationale qui dans sa séance du 17 janvier, au palais de Versailles, a élu M. Armand Fallières, président de la République, en remplacement de M. Loubet, dont les pouvoirs étaient expirés.

La 8e législature a été saisie de 2.431 affaires législatives, pour l'examen desquelles elle a nommé 162 commissions qui ont tenu 1.952 séances.

Sur ces 2431 affaires, 1310 ont été entièrement terminées.

Il a été adressé 476 interpellations au Gouvernement, 217 ont été discutées, 3 ont été transformées en question, 48 ont été retirées. Les interpellations discutées, ont amené 328 ordres du jour motivés.

La Chambre a reçu 296.345 pétitions, parmi lesquelles il convient de citer la récente pétition des obligataires et actionnaires du Panama, qui faillit amener un conflit avec le Sénat, et qui s'est terminé par un accord favorable aux pétitionnaires.

Mes Votes principaux

Voici le résumé de mes votes sur les principales questions, et propositions, et ordres du jour :

Politique générale. — Ministères

J'ai constamment voté *contre* le Cabinet Combes-André-Pelletan, du 12 juin 1902, 1er scrutin sur l'ordre du jour Colin, Gouzy, Jaurès, comportant la confiance au nouveau cabinet aux divers scrutins du 15 janvier 1905, interpellations Vazeille et Lhopiteau, qui ont amené la chûte du ministère.

J'ai voté *pour* l'ordre du jour Sarrien, scrutin du 28 janvier 1905, ainsi conçu : « La Chambre comptant sur le Gouvernement pour réaliser l'union des républicains, les réformes laïques, démocratiques et sociales..... » (Ministère Rouvier).

J'ai voté *pour* l'ordre du jour Péret, qui n'ayant pas été adopté (234 *pour*, *contre* 267, par suite de l'alliance de la droite et des socialistes révolutionnaires) a amené la chûte du Cabinet Rouvier (scrutin du 8 mars 1906).

J'ai voté *pour* l'ordre du jour, en faveur du nouveau Cabinet Sarrien, (304 *pour*, *contre* 183), scrutin du 15 mars 1906.

Ce vote a été dicté d'abord par la nécessité impérieuse et patriotique de ne pas prolonger la crise ministérielle pendant la crise nationale du Maroc et les nouvelles inquiétantes venues à Algésiras, et aussi en raison des déclarations rassurantes faites par le nouveau ministère, qui à côté de MM. Clémenceau et Briand, comptait des patriotes, amis de Gambetta, comme M. Etienne à la Guerre, M. Thomson à la Marine, et des ministres républicains modérés comme M. Poincaré, Barthou, Georges Leygues, Ruau, et un homme d'Etat, très éminent comme M. Léon Bourgeois, aux Affaires Etrangères.

Ce Ministère a d'ailleurs dans la grève des postiers, dans les événements des bassins houilliers du Nord, et dans les précautions prises contre les désordres annoncés pour le 1er Mai, montré son énergie lorsqu'il s'agissait de rétablir l'ordre et de prévenir des troubles.

Il a fait entendre de très excellentes déclarations patriotiques et a refusé l'amnistie réclamée par les anti-militaristes. Il est combattu et a été dénoncé à l'indignation des groupes collectivistes par la Confédération du Travail et par la plupart des militants socialistes.

Fonds secrets

Votes *contre* les fonds secrets (chap. 67 du budget de l'Intérieur, agents secrets de la sûreté générale), scrutin du 4 novembre 1903 et du 22 novembre 1904.

Ces votes ont été émis sous le ministère Combes. J'ai refusé les fonds secrets, — qui ont été votés par la majorité, — parce que le ministère Combes n'avait pas ma confiance et que je redoutais l'usage qui en serait fait.

Vote *pour*, c'est-à-dire contre l'amendement des socialistes Thivrier, contresigné par MM. Allard, Basly, Bouveri, Judes, Louis Breton, Cardenet, Chauvière, Paul Constant, Dejeante, Delory, Fournier, Jaurès, Labussière, Lamendin, Meslier, de Pressensé, Rouanet, Marcel Sembat, Adrien Veber, Vaillant, demandant la suppression du crédit pour les agents de la sûreté générale.

J'ai voté le crédit demandé par le ministère Rouvier, parce que j'avais voté en faveur de ce ministère. Je devais logiquement lui fournir les crédits qu'il réclamait. Ensuite, j'ai voté ces crédits, parce qu'ils étaient refusés par le parti socialiste révolutionnaire, dont on a lu plus haut les noms. C'était à l'époque des poursuites que le cabinet Rouvier entamait contre les anti-militaristes et les signataires de la fameuse affiche, apposée à la porte des casernes et provoquant à l'insoumission, à la désertion et à l'assassinat des chefs. Le malheureux sous-officier qui vient d'être fusillé à bout portant, par derrière, au cours d'une patrouille dans un coron minier, par un mauvais soldat endoctriné par les gens du *Pioupiou* de l'Yonne, par la Confédération du travail, et par les meneurs anti-militaristes, est une démonstration douloureuse de la pénétration de ces doctrines scélérates dans les rangs mêmes de l'armée.

Les signataires de l'affiche anti-militaristes narguaient l'autorité judiciaire et le gouvernement. Ils se vantaient d'être si nombreux qu'on ne saurait ni les retrouver ni les poursuivre.

Je n'ai pas voulu que le gouvernement qui avait ma confiance, fut désarmé dans cette lutte dangereuse. J'avais refusé les fonds secrets au ministère Combes, parce qu'ils me semblaient destinés à soutenir la délation et le despotisme sectaire, je les ai accordés au ministère Rouvier parce que j'étais convaincu qu'il fallait lui fournir les moyens de défendre la discipline, l'armée et la société toute entière menacées par la propagande anti-militariste. Tous les véritables patriotes approuveront ce vote inspiré par le souci de la sécurité nationale et de la défense de notre drapeau.

Amnistie

J'ai voté l'amnistie comprenant les condamnés de la haute cour, toutes les fois que la proposition en a été faite J'ai même prononcé un important discours la première fois que l'amnistie fut proposée, séance du 2 juillet 1902. Ce furent mes débuts à la tribune.

Lors de la discussion des diverses propositions d'amnistie, le 30 octobre 1905, ajournées lors de la séance du 13 juillet, à la suite d'un violent discours de M. Lasies, j'ai voté l'ensemble du projet, mais j'ai repoussé divers amendements de M. de Pressensé se rapportant à l'affaire Dreyfus, de M. Marcel Sembat, se rapportant aux menées anarchistes, à la propagande anti-militariste, etc., etc.

J'ai voté *pour* l'amnistie accordée aux délits et contraventions commis par les marchands de quatre-saisons. (*Pour*, 260 — *contre*, 283). Cette amnistie n'a malheureusement pas été adoptée par la majorité.

Armée

J'ai voté *pour* l'ensemble de la loi du recrutement de l'armée, par conséquent le service de deux ans (scrutin du 5 juillet 1904).

J'ai voté la suppression des périodes d'exercice de l'armée territoriale (scrutin du 28 juin 1904). *Pour*, 337 — *contre*, 194. La Chambre a adopté.

Bouilleurs de cru

J'ai voté toutes les dispositions supprimant et réduisant le privilège des *Bouilleurs de cru*, contre lequel proteste le commerce parisien.

Corruption (affaire des Chartreux. Edgar Combes)

J'ai voté *contre* l'ordre du jour en faveur du Président du Conseil Combes (scrutin du 12 juillet 1904).

Débitants de Boissons

J'ai voté *contre* la loi concernant la fraude sur les vins et le régime des spiritueux (scrutin du 30 juin 1905. *Pour*, 423. — *Contre* 121.)

Délation

J'ai voté *pour* l'ordre du jour Maurice Colin invitant le Gouvernement à sévir contre les magistrats compromis dans les manœuvres de délation.

Délégués administratifs

J'ai voté *contre* l'ordre du jour (interpellation Ribot et Millerand). Ordre du jour de confiance Bienvenu-Martin (séance du 9 décembre 1904), *Pour* l'ordre du jour 295, *contre* 265.

Enseignement

J'ai voté *contre* l'ordre du jour présenté par M. Marcel Sembat ainsi conçu :

« La Chambre, résolue à défendre les fonctionnaires républicains contre les attaques réactionnaires..., etc. » (Affaire Thalamas). (Scrutin du 12 décembre 1904).

J'ai voté *pour* l'ordre du jour Modeste Leroy, portant que le ministre de l'instruction publique devrait concilier la liberté du professeur avec la neutralité de l'école (*Pour* 364, *contre* 29.)

Bourse du Travail

Vote pour l'affichage du discours de M. P. Deschanel sur les Bourses du Travail. (Séance du 15 décembre 1905).

Séparation des Eglises et de l'Etat

J'ai voté *pour* l'ensemble de la loi, tout en ayant voté tous les amendements tendant à adoucir ou à faciliter l'application de la loi. Scrutin du 3 juillet 1905.) (*Pour* 341, *contre* 233.)

J'ai voté en outre *pour* les retraites ouvrières, la loi d'assistance, la taxe des lettres, la suppression des sous-préfets, et le dégrèvement des droits d'enregistrement pour les actionnaires et obligataires de Panama, etc.

Tels sont mes principaux votes, sur lequels j'ai donné déjà, au cours de la période électorale, toutes les explications que les électeurs ont bien voulu me demander.

Electeurs de la 2e circonscription du 17e arrondissement, j'attends avec confiance votre jugement. Je m'en remets à vous entièrement. En me donnant de nouveau votre confiance et vos suffrages, vous vous prononcerez une fois de plus pour la République libérale, patriote et démocratique.

VIVE LA RÉPUBLIQUE ! VIVE LA PATRIE !

EDMOND LEPELLETIER

ANCIEN CONSEILLER MUNICIPAL DES BATIGNOLLES

DÉPUTÉ SORTANT

75, rue Nollet.

Paris. — Imp. Picarde, 161, rue de Rennes.

lre du
l'ordre

onçu :
ıtre les
embre

l'ins-
ıllté de

ses du

ements
1905.)

ıxe des
nregis-

s de la
ılu me

ls avec
lonnant
fois de

E !

www.ingramcontent.com/pod-product-compliance
Ingram Content Group UK Ltd.
Pitfield, Milton Keynes, MK11 3LW, UK
UKHW021509260726
13993UKWH00004B/1623